Mary Elisa Kinlund

Att vara Anhörig till någon man älskar

på gott och på ont.

Förlag: BoD – Books on Demand, Stockholm, Sverige
Tryck: BoD – Books on Demand, Norderstedt, Tyskland
ISBN: 978-91-8007-949-5

Bokens innehåll:

Författarens mejladress: (för den som vill komma i kontakt med författaren eller bara vill kommentera boken).

Sommarvind7@gmail.com

Som anhöriga och personal inom LSS, så vill morsan och Gurra dela sina tankar och önskan att göra skillnad

Vi som umgås både privat och i våra yrken med personer som har en funktionsnedsättning, känner mycket starkt för dem vi möter och gläds över det lilla vi kan göra i våra möten. Samtidigt som vi många gånger försöker blunda då vi ser hur det brister för många. Det gör ont. Vi vill inte blunda. Vi vill göra skillnad.

För oss som medförfattare, så är ett av syftena med att skriva böcker, att förmedla och visa hur det kan se ut för vissa personer som har en funktionsnedsättning, speciellt för personer inom Autismspektrat, men också för dem som finns involverade runt omkring dem här personerna. Hur det kan vara att ha en funktionsnedsättning, att vara en anhörig eller att arbeta och försöka ge rätt stöd och hjälp.

Det vi skriver om kan en del känna igen sig i. En del tycker kanske att vi har fel och en del tycker säkert att vi har rätt i det vi skriver. Många vet att det inte är så enkelt, men vi vill prova att skriva för att försöka göra skillnad och öka förståelsen för individen, anhöriga och de människor som är involverade på flera olika sätt. Så det kan bli bättre för alla.

Vi upplever ibland att det kan behövas mer förståelse för varandra, att vi inte ska se varandra som fiender. Att vi ibland kan behöva sänka kraven på oss själva, lägga bort prestige och ”jag-vet-bäst” tänket. Ibland finns inget rätt och fel. Vi kan behöva ödmjuka oss och bli bättre på att försöka hjälpas åt och samarbeta. Alla brister vi ibland, speciellt om situationen är krävande och pressad. Då kan vi behöva ha överseende med varandra och arbeta på att visa varandra respekt och lyssna på varandra. Det gäller oss alla, anhöriga, personal inom olika verksamheter, handläggare, chefer, politiker, ibland vårdkontakter.

Vi har erfarit på arbetet och även privat att viktig information om en brukare inte alltid kommer fram till beslutsfattare. Att det finns brister i att dokumentera och att föra fram viktig information, som kan vara avgörande för att den enskilde ska få rätt stöd och hjälp insatser och rätt bemötande för att kunna tillgodose sig sin hjälp.

Vi har upplevt att personal förminskar behoven hos en individ. De tycker att personen ska klara mer själv, trots att den inte har förutsättningarna och förmågan att göra det. Ibland berättar och dokumenterar personalen bara det som fungerar bra för individen och inte det som brister. I båda fallen finns risken att de som ska fatta beslut inte får rätt bild av personen och då blir inte heller besluten av insatserna rätt. Erfarenheten visar att personalens ord kan väga tyngre än vad den enskilde eller en anhörig förmedlar. Den enskilde kan drabbas hårt av det och då drabbas ofta också anhöriga hårt, som måste ta över ansvaret på vissa områden.

Vi anser att det är viktigt att all personal vågar förmedla till handläggare och dokumenterar, om en person exempelvis inte äter eller kan tillgodose sig hjälp eller inte får rätt hjälp. Personal ska göra Lex Sarah anmälan vid missförhållanden, men erfarenheten visar att den inte alltid följs upp och tas på allvar, av alla verksamheter. Vi upplever att det finns verksamheter som kan ha svårt att medge att de har fel och brister och att det ska se bra ut, utåt sett. Vi tror att det är en stor fara och att den enskilde i de här fallen kan ta stor skada. Alla har rätt att få ett värdigt liv, oavsett vilken diagnos man har.

Vi har erfarenhet av att personer inom Autismspektrat ibland faller mellan stolarna. Det händer att en del som har Autism och som fungerar högt intellektuellt blir missförstådda. Det är inte säkert att de som har en verbal förmåga och har ett stort ordförråd, förstår innebörden av en konversation och dess konsekvenser. En del har ett dåligt minne och kan inte behålla den information de tagit emot eller gett. I de fallen, så kan personal och handläggare, med för lite personkännedom om den enskilde, göra missbedömningar. De kan tro att personen klarar mer än vad denne gör, vilket kan leda till för höga krav och att handläggare ibland tar felaktiga beslut av insatser. I de här fallen, så behöver den enskilde stöd i att kommunicera och föra sin talan av en som står nära och känner personen väl. Då är det av vikt att personal och handläggare tar till sig informationen de får, även om den enskilde inte alltid kan förmedla den själv.

Erfarenheten visar att det ibland är lättare att ge och bevilja hjälpinsatser till någon som har en synlig funktionsnedsättning. Även att en del som har en intellektuell funktionsnedsättning, kan ha en vilja att klara och kan klara mycket själv, medan en del som även har Autism eller bara en Autistisk diagnos, kanske inte gör det. Alla är olika, vill och kan olika.

Studier visar att de som har Autism, ofta har en känslighet utöver det vanliga, vilket kan medföra att de kan behöva anpassningar på grund av sociala svårigheter, känslighet för ljud, ljus, smak, värme, kyla, rädslor, fobier och tvång, som många lider av. Många behöver mycket tid för att genomföra sina dagliga sysslor och de behöver förståelse, rätt bemötande och rutiner, för att kunna genomföra dem. En del kan behöva ha viss personal som kommer för att de ska kunna ta emot hjälp.

Vi tror att samarbetet, samverkan och kommunikationen är viktig mellan alla involverade. Samverkan behövs över gränserna. Habiliteringen, läkare och andra professionella inom vård utredningar behöver få större inflytande och få möjlighet att påverka inför beslut om insatser. Vår erfarenhet är att professioner som har kunskapen och är mest insatta, ofta står utanför möjligheten att kunna påverka. Även att besluten om insatser ofta tas av personer som fått i uppdrag att tänka ekonomiskt, att spara pengar. Vår erfarenhet är att alla som tar beslut inte alltid har träffat den brukare som de ska ta beslut åt.

Vi har hört av flera bekanta och erfarit att chefer/ arbetsledare får i uppdrag att spara pengar, exempelvis genom att omorganisera och effektivisera på olika sätt. Kraven ökar på personalen, som kanske redan är slutkörda. Ibland ska det in fler deltagare/ brukare och färre personal. Vi ska lära oss att arbeta effektivt. Kraven ökar på att vi ska gå kurser och utbildningar, för att få ökad kunskap. Det är bra, men vi har hört personal som är förtvivlade då de känner sig stressade för att de inte har tid och resurser för att leva upp till kraven. Det kanske inte är så på alla arbetsplatser, men på en del arbetsplatser så är det en verklighet för personalen.

Vilka drabbas av vårt sätt att tänka? Av vår prestige? Av att vi ska förändra och omorganisera ibland ofta? Av att vi inte kan samarbeta och samverka? Av att vi ska spara pengar och tänka ekonomiskt? Av att personalen känner sig otillräckliga och stressade?

Dem som drabbas mest är de brukare, deltagare och närstående som vi arbetar med – Dem som behöver ditt stöd, din hjälp och ett respektfullt, omtänksamt bemötande varje dag.

Introduktion:

Jag börjar boken i jag form. Jag som författare. Jag vill börja med mina egna tankar om anhöriga. Boken kommer bland annat handla om anhörig perspektiv till någon som har någon form av funktionsnedsättning. Det jag skriver om är på gott och ont.. Helst vill jag bara skriva om det goda, men om sanningen ska fram, så har jag tyvärr erfarit en hel del brister i mitt arbete med personer som har en funktionsnedsättning och bemötandet av dess anhöriga. Jag har även erfarit och sett brister av bemötande av anhöriga, på nära håll i mitt privatliv. Jag har valt att inte berätta om mitt/ vårt liv, utan jag ska berätta om Alma(morsan i boken om Thess) och Gurra(morsans man), om deras erfarenheter och delar av deras livsberättelser. Alma och Gurra – är också skrivna i jag-form. Jag ska också ta med andras erfarenheter och berätta deras historier. Det jag berättar är på riktigt, taget ur det riktiga livet. Namnen på alla dem som nämns i boken är inte deras riktiga namn.

Jag kommer blanda berättelserna med lagar, med kunskap som jag har fått genom studier. Jag vill säga att ibland finns det inget rätt eller fel, när man har med människor att göra. Ofta upplever och tycker vi människor olika, men jag skriver utifrån den erfarenhet jag och de människor jag varit i kontakt med har. Jag är inte proffs, men ska försöka skriva på ett enkelt och lättsamt sätt, blandat med de känslor som kan medfölja i vissa situationer. Det är Alma och Gurras känslor. Det är olika kvinnor, män, tjejer och killar som är anhöriga och deras känslor. Alma och Gurra har erfarenhet av att vara mamma/ anhörig, personal på boende, personal på daglig verksamhet. De är inte ensamma om sin kamp. Jag känner många som kämpar. Många som har gett sina liv för sina närstående. Anhöriga får många gånger dra ett tungt lass, i ensamhet, får uppleva anklagelser ibland från släkt och vänner eller okända människor. Många bär på tunga skuldkänslor, för de räcker inte till för hela sin familj och för omgivningen. Skuldkänslor för att inte kunna ge sin närstående rätt hjälp, rätt insatser och ett bra liv. Visst kan man få en klapp på axeln ibland och höra hur duktig man är som kämpar. En del förstår på riktigt.

För dig som har läst boken om Thess, kan det vara intressant att få läsa en fortsättning på hur det har gått för henne. Därför finns ett kapitel i slutet av den här boken, som heter Thess och är även det skrivet i jag-form. Kapitlet är kort och beskriver lite hur morsan och Gurra försöker hjälpa Thess att få de insatser som hon är i behov av beviljat. Man behöver inte ha läst boken om Thess, för att läsa den här boken. Man kan hoppa över att läsa kapitlet om Thess, om man vill. Thess är även med och ger lite kommentarer kring anhöriga och myndighetskontakter i kapitel 3.

1 – Alma(morsan) berättar

Boken ska inte handla om mig, men jag tycker det är trevligt att introducera mig själv och min bakgrund, så det gör jag lite kort.

Alma, jag fick ett gammalt släktnamn. Man skulle tro jag var född på 1800 – talet. Inte bara för mitt namns skull, utan också med tanke på den erfarenhet som jag har fått med mig i livet. Erfarenheten av hur omsorgen ibland fungerar för de personer som har funktionsnedsättning. Jag är mamma till Thess (Du kan läsa om henne i boken Thess: Mitt liv inom LSS. På gott och på ont.), Theresia, Tiffany och Tilde.

Jag föddes i storstan, i en närförort till Stockholm. Jag växte upp på 70-80 talet i en förort. Jag hade några yngre syskon och en vanlig "svenssonuppväxt". Ett av mina största intressen blev musik. Jag lyssnade mycket på brittisk rockmusik och under några år, pulserade punkrocken i freestylen. Jag började spela El-bas i ett band. Jag kunde bara några ackord på gitarr, men lärde sig ganska snabbt att hantera basgitarren. Jag skrev också egna låtar och sjöng. Jag var en sökande ung tjej, som läste horoskop och gick till spådam. När jag var 25 år, så fann jag vad jag saknat och sökt i livet. Jag fann Gud och blev kristen. I ungefär samma veva så blev jag tillsammans med gitarristen/ sångaren i bandet som jag spelade i. Inom kort så gifte vi oss och fick flera barn. Min man var några år yngre och hade redan hunnit vara gift, fått ett barn och skilt sig. Han var en musiker/ konstnär ut i fingerspetsarna. Det var jag inte medveten om då. Jag såg inte annat än med kärlekens ögon. Vi hade jätteroligt. Vi hade spelningar, spelade in en singel, åkte utomlands med bandet till Italien, där vi spelades på radio. Det var mycket fester, ibland för mycket dricka. Livet var en fest i sig. Vi skrev låtar, spelade och gjorde intervjuer i lokala tidningar i Stockholms förorter. Min man hade svårt att sova på nätterna och var nästan alltid rastlös. När barnen kom så var det till och från tufft. Det roliga vi hade ihop och kärleken ebbade ut. Barnen blev viktigast. Det var de nog för oss båda, men eftersom mannen hade svårt att sova, så låg ansvaret att gå upp på morgonen oftast hos mig. Nu ska inte min historia berättas kring min och barnens pappas skilsmässa, huset vi förlorade och andra sidohistorier. Men utan att veta det då, så var pappan till mina barn den första personen som jag kom i kontakt med som bar på en diagnos. Några år efter att vi hade skilt oss och barnen var i 9 – 14 års åldern, så gjorde pappan en utredning och fick diagnos ADHD och som han sa " några diagnoser till". Jag fick aldrig veta vad de där andra diagnoserna var för några. Vid det här laget, hade Thess fått en svår ADHD-diagnos och några andra diagnoser. Först i 14 års ålder fick hon en autistisk diagnos. Mina övriga barn var "sköra", men utan diagnoser. Jag var ensam med barnen i många år. Övriga barn hade det tufft på flera sätt och ungdomsåren var en kamp, för att de skulle komma på rätt spår. Det var inte så konstigt, eftersom de hade fått stå åt sidan, då jag många gånger fått lägga tid och energi på att hjälpa Thess. Jag kämpade hårt, många gånger i ensamhet med mina barn. Utan bil. Ekonomin låg på den sociala normen. Jag fick besöka socialkontoret vid några tillfällen. Sen sa jag: - aldrig mer och det blev aldrig mer. Det var med skam som jag besökte kontoret. Sen skulle jag vända ut och in på mig själv, min situation och försöka redovisa varenda öre. Det tog mycket energi och jag fick inte alltid ett respektfullt bemötande. Jag kände mig som en dålig och misslyckad människa när jag gick dit. Innan Thess blev sjuk, så hade jag jobbat och försörjt mig i hela mitt liv. Jag hade ensamt ansvar om att få hela paketet att rulla, för att barnen skulle må bra. Jag hade ett par förhållanden under den här tiden. I hopp om att få en livskamrat att dela livet med. Jag hade min tro på Gud och min musik. Vid de tillfällen som gavs, så skrev jag musik igen. När barnen var hos sin pappa varannan vecka, så började jag sjunga i ett rockband. Musiken, sången och tron på Gud gav ny kraft. Jag klarade inte att jobba under den här tiden. Thess var på skolan 4 timmar per dag. Hon hade rymt från sin dagmamma och från skolan. Jag blev hemma på dagarna och tog det största ansvaret för barnen. Jag fick vårdbidrag för Thess. På grund av utbrändhet, så fick jag deltids sjukpenning. Det var den lilla inkomsten jag och barnen skulle klara oss på, under ett antal år.

När jag träffade Gurra, så förändrades vårt liv till det bättre. Jag är så tacksam för det. Han berättar i nästa kapitel om hur han upplever att vara en anhörig.

Tips och råd

Som anhörig till någon som har en funktionsnedsättning, så får man höra mycket av omgivningen. Man får ofta tips och råd. Många berättar gärna hur man kan göra i olika situationer, även om de själva inte har någon liknande erfarenhet. Säkert i all välmening, kan kommentarer komma från bekanta, vänner, släkt och kollegor. Okända människor kan släppa kommentarer ute i butiken eller på andra offentliga platser. De kan fråga hur barnen är uppfostrade? Om jag inte klarar att ta hand om mina barn? Varför jag inte sätter gränser? Du måste säga nej. Du måste hålla hårdare i barnet. Du måste släppa lös barnet mer. Ditt barn behöver träffa mer människor. Ditt barn kan inte bara sitta inne. Är hon en hemmasittare? Kommentarer kan komma oväntat, överraskande. Ibland olämpligt.

Det finns personer som har förståelse och erfarenhet och kan komma med tips och råd, som kan ge ett gott resultat. Ofta har man provat det mesta, diskuterat det mesta och försökt få hjälp och stöd genom olika insatser. Men det kan dyka upp många bra tips och råd. Det bästa är kanske att man själv är insatt i ärendet och känner personen väl, som man ska ge tips om eller till, innan man gör det.

Bära glädje och sorg

Som anhörig så får man bära sin närståendes glädje och sorg. Det ger kraft att få dela glädje och skratt. När vi haft en bra dag och fått skoja och skratta mycket ihop, så känner jag en enorm styrka och glädje. Allt ordnar sig. Precis allt. När Thess mår bra, så mår vi bra, jättebra. Så kommer en dag, som inte är så bra, då Thess inte mår så bra. Det smittar. Vi anhöriga får ta av våra extra krafter och ibland plocka fram våra skådespelartalanger. Med den lilla kraften som finns så kan vi få fram en positiv attityd och ett lugn, som ändå hjälper Thess att vända och tänka lite mer positivt... Men man blir trött i längden. Jag tackar Gud, att jag får ny kraft och glädje varje dag. Hoppas alla anhöriga får det. Alla anhöriga är i behov av ny kraft och glädje dagligen. Vi behöver få uppmuntran dagligen. Vi är bra. Vi gör ett fantastiskt arbeta och utgjuter våra hjärtan till dem vi älskar som mest.

Besked från handläggare. Attityd från myndigheter och personal.

Vi blir glada när vi får positiva besked från handläggarna, positiv feedback från lärarna på skolan eller från personal som jobbat med Thess. Änglarna, som ger så fina kommentarer. De som säger att det är så enkelt att jobba med Thess. De säger att hon är fantastisk, som har så många fina egenskaper. Att hon är så duktig. Att de gärna vill jobba med henne. Att det är roligt. Att hon inte alls är svår. Att hon är vacker. För det är hon, även om hon inte ser det själv. Det värmer i hjärtat. När någon äskar ditt barn, precis som han eller hon är.

Vi blir jätteledsna, trötta och tappar mycket kraft när vi får besked om att viktiga insatser inte beviljas eller tas bort. När vi försöker bevisa vilka behov Thess har, men handläggarna skriver att hon har helt andra behov och klarar mycket själv, när de inte inser hur verkligheten ser ut. Vi anhöriga blir inte alltid betrodda. Det finns lagar som säger att alla inom LSS, har rätt att få goda levnadsvillkor. Det är bra. Men oftast finns inte pengarna, resurser och kunskap, så att lagar och regler kan följas. Det är många personer med funktionsnedsättning, som inte får det stöd och den hjälp som personen är i behov av, för att få goda levnadsvillkor. Det suger kraft och hopp från anhöriga att erfara. Rädsla smyger sig in. Hur ska mitt barn någonsin få rätt stöd och hjälp. Hjälplösheten, när viktiga insatser inte fungerar. När till och med de insatser som ska vara de bästa, inte fungerar. När utförare och personal inte klarar sitt uppdrag och inte alarmerar om allvarliga situationer till handläggarna. När de inte lyssnar på individen eller anhöriga. När de inte förmedlar vidare till handläggaren. Inte dokumenterar hur verkligheten ser ut för individen. Eller när handläggarna inte tar situationer på allvar och inte tar tag i allvarliga missförhållanden som de känner till. När myndigheterna inte ger rätt insatser på grund av att anhöriga ändå ger stöd och hjälp gratis. Då behöver de inte bevilja vissa insatser. De anser att personen har det bra med anhöriga. Att det inte går någon nöd på denne och det behövs inte skyndas på med övriga insatser. Även om anhöriga håller på att gå på knäna, tappar inkomst, kraft och ork, tid och sociala kontakter. En handläggare inom vänskapskretsen har berättat att det är så. Kanske inte i alla kommuner, men i en del. Många anhöriga blir sjukskrivna. En ond cirkel. De belastar samhället. Det kostar pengar. Istället för att ge rätt insatser från början. Allt det här handlar om människors liv. Alla människors liv är lika mycket värda. Men i verkligheten så är det inte så. Lagen om LSS låter fin och är bra, men den ger inte den trygghet och de goda levnadsvillkor, åt alla människor, trots att alla har rätt till det.

Försöker du tjäna pengar på din närstående? Är du ute efter att fuska eller att utnyttja?

Det gör ont i hjärtat att höra när människor anklagar anhöriga för att fuska. Även om man inte blir direkt anklagad för att fuska, så behandlas anhöriga ibland som om de är ute efter pengar.

Som om de ska tjäna pengar på sin närstående med funktionsnedsättning. Det gör ont. Jag har hört anklagelserna. Jag har upplevt känslan av att vara ”misstänkt” att försöka tjäna pengar på min närstående. Samtidigt som jag varit desperat över att Thess inte fått rätt hjälp och insatser. Vi själva och även Thess har förlorat mycket tid, kraft och pengar på att inte ha fått rätt stöd och hjälpinsatser. Thess har tappat en massa förmågor, som vi tidigare arbetat hårt för att hon ska utvecklas i, genom åren.Jag har hört många anhöriga som blivit misstrodda. Jag brukar ta dem i försvar.

Det är en sorg, att några få personer tidigare har fuskat och att sedan många, alltför många har drabbats hårt av det. Ibland blivit dömda av människor i sin omgivning eller av myndigheter för att vara ute efter pengar, när de bara desperat önskar att det ska bli bra för sin närstående.

Släppa taget och överlämna ansvaret

Jag tror många eller de flesta anhöriga vill ”släppa taget” om sin närstående och överlåta ansvaret åt andra människor, när personen med funktionsnedsättning når en viss ålder och mognad. Att personen kan få ”sitt eget liv”. Anhöriga orkar inte heller hjälpa hur länge som helst, så det är viktigt. Men det behöver ske i rätt stund och med rätt stöd och insatser, för att det ska bli en trygghet för både personen själv och för anhöriga.

Här tror jag alla personer har olika åsikter och jag tror det är viktigt att alla får ha sin åsikt. Både personen själv och de anhöriga. Alla personer och situationer ser olika ut. Man kan inte säga att ”han eller hon borde flytta hemifrån”, bara för att personen närmar sig en viss ålder. Alla har sin väg att gå. Många gånger, så ges uttryck för att en del personer ”borde” flytta hemifrån. Så kan det säkert vara i vissa fall. Det viktiga är då att individen själv, som det handlar om förbereds på rätt sätt och får rätt förutsättningar för att flytta och får de insatser som krävs inför en flytt. Det krävs också stöd för anhöriga. De ska ”släppa ifrån sig” kontrollen till några andra. Det medför en känsla av att tappa fotfästet och att en trygghet upphör för den personen som de älskar och har hjälpt ofta under hela personens liv. Övergången och övertygelsen om att personen får rätt hjälp och stöd är en förutsättning för att kunna ”släppa taget”. Det är inte alla som inser och förstår det. Tar ingen emot, så kan man inte släppa taget.

Kollegor inom LSS

Jag har jobbat både på LSS-boende och på daglig verksamhet inom LSS. Ofta har jag fått höra av kollegor att anhöriga är jobbiga. Det slår tyvärr inte fel att det alltid finns någon eller några deltagare på en verksamhet som sägs ha jobbiga och svåra anhöriga. Jag har fått höra kommentarer som att: - Det är inte konstigt att Kalle beter sig så där, när föräldrarna är som de är. Eller – Olles föräldrar är väldigt svåra att kommunicera med. Det är bäst att inte säga så mycket när de ringer, så det inte blir problem. – Stinas föräldrar har säkert själv någon diagnos. De kan inte sätta några gränser. Hur ska vi kunna hjälpa Stina om inte de samarbetar. – Kristinas anhöriga är förvirrade och ljuger ibland. Ena stunden säger de att Kristina mår bra och andra stunder att hon mår dåligt. De vet inte vad de pratar om. Så här kan det låta.

En viktig sak att veta, är att miljön för alla människor kan påverka vårt beteende, också för dem som har en funktionsnedsättning. Därför behöver vi ha en tolerans med varandra och lyssna och arbeta för ett samarbete, för att gynna individen som det berör.

Jag brukar berätta för mina kollegor om hur det kan kännas att vara anhörig. Att man många gånger får arbeta i motvind, utan att få betalt. Att man många gånger blir misstrodd av myndigheter och får kämpa hårt för att få rätt insatser beviljade. En del kollegor lyssnar och en del märker jag att de inte förstår. Det är tufft, när inte personal som arbetar inom LSS förstår. Jag ska också medge att det ibland finns anhöriga som kan vara svåra att nå fram till. De har liksom fått nog av motstånd och klarar inte längre av att agera mellanhand. Då brukar jag försöka prata med dem och ställa frågor, lyssna och göra allt för att förstå. Ta emot den information de vill ge och tacka för att de berättat och försöka lösa situationen om det krävs för stunden. Då brukar de bli mer öppna och man kan få ett jätte fint samarbete. Inte förrän vi nått dit i en verksamhet, så kan vi göra de bästa för våra brukare och deltagare.

Jag brukar säga att det är bra att vi försöker arbeta för god samverkan mellan personal, anhöriga och myndigheter annars blir det aldrig bra för våra deltagare och brukare. Mina kollegor som jag arbetar med idag, har jag pratat med många gånger och jag tycker de har en jätte fin attityd mot de anhöriga vi har att göra med. Vi pratar mycket om vikten av bemötande, av våra deltagare, de anhöriga och även av varandra i vår personalgrupp.

Under hösten, kände jag att jag höll på att gå i väggen och behövde skriva till min chef. Här följer delar ur mejlet:

13/11

Hej Chefen!

Jag hade tänkt ringa dig framöver, men skickar istället ett mejl.Det handlar inte om jobbet, utan vår privata situation.

Jag har berättat en del om vår privata situation med dottern, men vill försöka skilja på det privata och jobbet, så mycket som möjligt. Det har fungerat bra att kombinera jobb och vara anhörig genom åren tycker jag. Jag tycker det varit berikande att ha erfarenhet både privat och i mitt arbete och nu även den kunskapen jag fått genom studierna..

Det jag skriver till dig behöver du inte känna dig tvungen att ge feedback på eller svara mig. Jag vil bara tala om hur vår situation ser ut och vill att det stannar hos dig. Jag har pratat lite med kollegorna, men vill inte dra allt. Jag har förtroende för dig och vill därför dela vår situation.

De sista tre åren har varit mycket tuffa för oss, sedan dottern flyttade hemifrån. Boendet var inte rätt och fungerade inte för henne(lång historia). Insatser kontaktperson(haft i ca 5 år) och ledsagning(haft i ca 17 år) togs bort. De två ända personer hon var trygg med förutom oss. Ledsagaren hade skött många vårdkontaktbesök under några år.

Efter två år på boendet, så flyttade dottern tillbaka till oss. Det fanns inget annat alternativ. Vi fick hyra ett förråd, dit jag och Gurra flyttat hennes möbler och saker, förutom att hon har en hel del saker hemma hos oss. Under de två åren på boendet, så fick vi i stort sett hjälpa dottern dagligen. Som sagt lång historia. Vi trodde när hon flyttade att de skulle individanpassa för de boende, utifrån den information och den beställning som var gjord, som de fått från handläggaren och oss. Men det här boendet berättade efter att hon flyttat in och bott ett tag att de jobbar utifrån sin policy och att det inte var deras jobb att göra vissa saker åt dottern, medan handläggaren hänvisade tillbaka till att det är boendets uppdrag. i två år höll det på så. Dottern kom i kläm och vi fick ta över.

När handläggarna såg att det inte fungerade på boendet, så fick dottern tillbaka den person som tidigare varit kontaktperson, med 12 timmar/ månad. Det är den ända insatsen hon har haft sedan hon flyttat hem igen. Vi har ansökt om flera insatser under året. En insats sökte vi i november förra året och förvaltningsrätten har nu (förra veckan) börjat handlägga ärendet, efter flera yttranden från handläggaren/ handläggarens chef och oss under sommaren i och med överklagan. Handläggarna önskade utredningar och intyg under början av 2021. Dottern gjorde utredning för sina problem med Tinnitus, ljudkänslighet,(Rosenlund) matsvårigheter (Logoped på Habiliteringen), kring ADL (Arbetsterapeut). Läkaren intygade att hon behöver ha en person vid sin sida som har ingående kunskaper om henne för att hon ska kunna kommunicera osv...Listan är lång...

Tanken var att jag skulle återgå till min normala arbetstid efter studierna. Vi trodde att dottern skulle få insatser till sommaren, sen efter semestern. Det är inte klart än. Av ekonomiska själ, har jag behövt gå upp till 75% igen och självklart för att min tjänst är på 75%. Det är på grund av att du är snäll och förstående som jag kunnat jobba mindre. Vi har även ansökt om boende under våren och fått erbjudande. Vi har då haft frågor kring boendet, eftersom dottern inte kan flytta igen, om vi inte vet att det kan fungera bra för henne. Hon ville inte flytta förra gången och efter stort misslyckande så måste det bli bra denna gång. Vi har inte fått svar från handläggarna och därför inte kunnat tacka ja.

Vi har också sökt insatser om utökad ledsagning och hemtjänst. Handläggarna har dragit ut på alla ärenden, så långt det har gått. Vi har fått kommunicera i alla ärenden, vilket blir en upprepning hela tiden. Nu har dottern också fått en ny handläggare, vilken vi hade videomöte med i veckan(eftersom vi var sjuka, ville hen inte komma). Även om all information är given under flera år, så ska den ges på nytt. Som anhörig sliter det här fruktansvärt mycket. Men det värsta, som sliter hårdast är att se hur dottern har tappat en massa förmågor och hur hon mått sämre och sämre sedan hon flyttade hemifrån för tre år sedan. Hon säger själv att hon ångrar att hon gick med på att flytta hemifrån. Då hade vi anpassat och jobbat i flera månader för att hon skulle klara flytten, vilket hon till slut gjorde. Men med den behandlingen hon fick där, så backade hon och gick ner sig istället för att växa och komma framåt.

Som du vet, så är det inte att knäppa med fingrarna, så är allt bra, för personer med autism. Det som gör det svårast i livet för dottern är att hon är högkänslig för nästan allt.

Vi kan inte begära att de som inte varit i samma situation ska förstå helt. Men jag tror att du som har mycket erfarenhet under lång tid kan förstå vår situation till en viss del.

Vi är bara människor och det finns gränser för vad man orkar.

Dottern har mått sämre och det har tagit hårdast. När vi inte är hemma så äter hon inte, därav att jag inte gick upp i arbetstid efter studierna. Vi trodde som sagt att insatser skulle vara beviljade då. Hon mår också dåligt av att sitta själv. För några veckor sedan fick hon en dipp och efter vad hon sa och uttryckte och höll på att göra, så var jag tvungen att vara hemma från jobbet en vecka. Vi kontaktade då både läkare och Habiliteringen, som är mycket bra. Habiliteringen som är fantastisk och känt oss i flera år kom hem samma vecka och dottern har fått telefonsamtal varje vecka med en fantastisk person där. Jag pratade med läkaren, som vet situationen och han sa att jag får återkomma om jag behöver sjukskrivning. Jag hade då inte sovit ordentligt på flera veckor. Jag hade vaknat varje morgon mellan kl. 2-5 och inte kunnat somna om en längre period. Jag sa till läkaren att det beror på de omständigheter som varit och är och att jag är mycket trött och har en utbrändhet i botten. Att jag inte ätit mediciner och inte vill göra det, då mina sömnsvårigheter beror på olöst situation för dottern och dess omständigheter. Läkaren skrev ut sömn medicin som är vanebildande, så han sa att jag bara får ta vid stort behov, men att det också kan hjälpa bara att jag vet att de finns tillgängliga. Han förstod också om jag inte hämtade ut tabletterna, vilket jag inte har gjort. Det samtalet hade jag under den veckan jag var sjukskriven.

Sen kom Corona och jag och Gurra blev sjuka i det. För dotterns skull så var det bra. Nu har vi varit hemma i två veckor och hon har då mått bättre.

Den kunskap jag fått genom studierna i form av lagar och synsätt, har tyvärr medfört att man ser bristerna ändå tydligare och när man då lever i dessa brister, så är det riktigt hårt. Man kan inte som anhörig påverka, trots att det finns lagar som säger att den enskilde ska få goda levnadsvillkor.

Ekonomiskt sett så har min årsinkomst legat på ca 120.000kr då jag har studerat och den är inte mycket högre i år. Jag har inga bisysslor, som jag får in någon inkomst på. Vi har inte tjänat en krona på att hjälpa dottern under alla år. (sedan 2015, då vi jobbade inom hemtjänsten en dag i veckan var, då jag jobbade 50% på Dv). Vi är inte unga längre och vi har jobbat dubbelt i flera år. Mycket lågavlönade. Det blir inte mycket pension. Vi är slitna, men livet har fungerat på grund av planering och insatser längre tillbaka som har fungerat någorlunda bra och ibland väldigt bra. Men även då krävdes mycket mycket jobb från oss. Att kontakta, samordna, förbereda och själva hjälpa dottern, så hon skulle få det bra.

De sista åren har inte insatserna fungerat och då har det blivit flera gånger tyngre arbete för oss.

Vi sökte personlig assistans till dottern. Vi gjorde det för att vi själva ser att det är vad hon behöver. Även Habiliteringen har sett att hon behöver ha en person vid sin sida, som ger stöd in i det som ska ske. Det förstår och vet Habiliteringen, men inte handläggarna.

När en jurist föreslog att vi skulle läsa Försäkringskassans länk om vad som gäller för att få personlig assistans, så blev det ändå tydligare att hon har rätt till det. Hon kan inte ta emot hjälp och får inte sina behov tillgodosedda om inte personalen har ingående kunskap om henne. Trots allt vi (utifrån hennes önskan) har berättat, så anser inte handläggarna att hon har det behovet.

Vi har sagt att det spelar ingen roll vad insatsen kallas. Om de inte anser att hon ska ha en personlig assistent, så måste de kunna erbjuda det hon behöver i en annan insats istället.

Så vi väntar helt enkelt.

Jag har även läst socialstyrelsens länk om anhöriga som vårdar eller stödjer någon de står nära. Det jag läst på flera ställen, är som taget ur vårt liv, vår situation och jag vet att det är många som går igenom det här.

Om man inte läst den länken, så är det värt att göra det, om man arbetar och har kontakt med anhöriga. De tar även upp hur anhörigas situationer kan påverka hela deras livssituation och då även jobbet. Det hade underlättat om vi haft andra jobb och om vi hade kunnat arbeta hemifrån, men det kan varken jag eller Gurra göra, därför har jag varit tvungen att jobba mindre, vilket bara vi förlorat på. Och vi hade hoppats att insatserna skulle blivit beviljade långt tidigare. Tyvärr känner jag av att det har börjat påverka mig mycket med trötthet och jag är ibland rädd att hamna i långvarig utbrändhet.

Nu har jag berättat som det ser ut. Du behöver som sagt inte svara på detta mejl. Jag vill bara att du ska veta. Det är lika jobbigt att tömma ut allt varje gång. Om jag inte berättar, så kanske du tror att min frånvaro beror på jobbet. Det gör det inte. Däremot, så kan jag känna att det är tufft att kombinera det ibland tuffa jobb (men roliga) jag har eftersom det varit pressat och krävande privat under så många år.

Jag har inte sökt något annat jobb. Även om jag hade velat det, så är det svårt i min situation just nu.

Hoppas du förstår.

Ha det bra!

Mvh

Alma

2 – Gurra berättar

Jag kallas Gurra och heter egentligen Gunnar. Jag är ganska gammal, men har ett väldigt ungt sinne. Det är kanske därför många misstror min ålder. Jag och morsan träffades dessutom på "lite äldre dar". Vi delade intressen som musiken och vår tro på Gud. Sen visade det sig att vi fungerade väldigt bra ihop. Jag har själv flera barn, som jag älskar. Jag tror jag är en ganska bra pappa, även om jag har en massa fel och brister, som de flesta människor har.

Morsan har ju också ett gäng ungar. Totalt har vi sju barn. Vi är tacksamma för dem allihop.

När jag träffade morsan och hennes barn första gången, så var det lite pirrigt och nervöst. Jag hade ju fått veta lite om hennes barn och speciellt då om Thess. Att hon har ADHD, intellektuell funktionsnedsättning och Autism. De diagnoserna var inte helt främmande för mig, då jag har erfarenhet av närstående, där jag kommer ifrån som har liknande diagnoser och är i samma ålder som Thess.

Jag kommer från Danmark och jag har förstått att de flesta svenskar inte förstår oss danskar när vi pratar. Den som förstod mig bäst, när jag kom till Sverige var Thess. Hon sa inte va.. lika ofta som alla andra svenskar. Hon var lugn och tog sig tid att lyssna.

Att komma in och bli en "anhörig" på köpet, skulle kunna varit ännu svårare än det blev för mig. Jag tror det har fungerat för att jag och morsan pratar om allt. Det finns inget som är för konstigt att prata om. Det är okej att tycka och tänka. En del saker som jag upplever bra eller dåligt, tar jag upp och pratar om. Vi tar upp det som hela tiden händer och snackar om det. Därför har vi grejat det här med att vara anhöriga och vi har gjort det tillsammans. Med facit i handen och efter mer än tio år tillsammans med Thess, morsan och familjen, så kan jag konstatera att ingenting har varit lätt när det gäller att få rätt hjälp och stöd för Thess. Man kan inte säga att vi har glidit på en räkmacka direkt. Tvärtom, så har vi prövats i tålamod, kraft och ork. Både fysiskt och psykiskt. Vi har fått göra det mesta själva för att hjälpa Thess. Den mentala biten är värst. Att se henne må dåligt på grund av att personer som ska vara till stöd och hjälp inte förstår. Det är det värsta. Det näst värsta är att inte få förståelse för det som man som anhörig berättar för myndigheter och andra involverade. Det man berättar kommer dessutom ifrån Thess själv. Men hon har inte förmågan att uttrycka sig, att berätta vad hon önskar, vad hon känner. Hon har förmågan att berätta för personer som hon känner sig trygg med, men inte för vem som helst. Inte för dem hon inte har förtroende för. Att få förtroende kan ta tid och kräva många möten.

Både jag och morsan gillar inte att vara arga, att gå i kamp för olika rättigheter. Det skulle vara en självklarhet att alla ska få den hjälp de behöver. Nu är det inte så. Tyvärr har vi pratat med andra som har upplevt liknande saker. I frustration, så är det ibland svårt att hålla inne den ilska man känner, när man ser att en närstående lider på grund av felaktiga beslut om insatser och för att personen inte blivit förstådd.

Jag vill också säga att vi har stött på många fantastiska människor. Där vi inte har behövt säga så mycket. De vet ändå. De kan läsa av Thess direkt. De har en inbyggt tillförsikt. De skannar av innan de säger eller gör någonting. När vi berättar, så vet dem vad vi snackar om. När vi träffar släkten i mindre sammanhang. Då kan Thess prata avspänt, skratta och är social om det inte är så många med. Om det är en stor släktträff så frågar vi inte henne om hon vill följa med, men hon får om hon vill.

För inte så länge sedan så skulle vi prova igen, att Thess följde med när vi var nästan 20 personer på ett släktkalas. Hon var med på att testa. Vi har anpassat allt vi kan för henne under åren, så nu ville vi se om det fungerade för henne att vistas i större sammanhang. Vi hann bara komma in i trädgården, där några redan satt vid fikaborden, så stannade Thess upp. Hon stod sedan kvar på samma ställe i nästan en halvtimme. Flera bjöd henne att sitta ner och försökte säga något, men hon stod kvar. När det gått en halvtimme, så kom Thess ena syster med partner. De fick med sig Thess till en hörna vid ett fikabord, där de satt i ett par timmar.

På vägen hem berättade Thess hur alla röster ekat i huvudet och hon frågade varför hon skulle ha följt med. Hon ville inte att vi ska fråga henne fler gånger, när det är så många. Vi lovade det. Vi tänkte att det inte var bra att hon fått en negativ bild av att åka till moster Mona, så vi åkte dit med bara Thess någon vecka senare, när det var bara vi som kom. Då var det roligt, avspänt och en positiv upplevelse. Som det brukar vara där.

Kort efter fyllde Thess år. Då bjöd jag och morsan in hela släkten i tre olika omgångar på mat, tårta och yatzyspel, så att Thess orkade vara med på sina egna bjudningar. Det uppskattade hon verkligen.

Thess är inte min egen dotter, men hon är en lika stor och viktig del av familjen som alla andra. Skillnaden är att hon inte kan klara sig själv och inte kan hålla i sina viktiga kontakter själv, som alla våra andra barn kan. Det är klart att det går ut över hela vår familj. Det går ut över alla andra barn och barnbarn. Hur ska vi anhöriga räcka till? Vi ska jobba heltid helst för att klara oss. Jag jobbar heltid, men morsan klarar inte mer än deltid. Hon har fått försaka mycket av sig själv genom alla år, både med tid och pengar. Ändå klagar hon inte så ofta. Ibland gnäller och klagar hon över en situation, med all rätt. För att sedan vända på det och se till allt bra vi har. Det vi har att vara tacksamma över. Vi är tacksamma för det vi har. Att vi har varandra, alla barnen, släkt och vänner. Våra jobb. Även om vi skulle vilja sluta jobba, för vi har jobbat dubbelt i så många år, för en väldigt liten lön. Jag har haft en vanligt/låg lön, när jag arbetat inom LSS och SOL. Morsan har haft mycket mindre, eftersom hon inte kunnat jobba heltid på många år. Snart är vi pensionärer. Om vi får leva och är två, så kanske vi klarar oss ekonomiskt. Om någon av oss blir ensam, så vet vi inte hur det ska gå ekonomiskt.

Vi tar livet för vad det är. Och är desto mer tacksamma för de underbara fina människor vi ibland stöter på både inom våra arbeten och även privat. De som ser, lyssnar och gör vad de kan för att ge både brukare, deltagare och anhöriga stöd.

3 – Thess kommenterar kring anhöriga och myndighetskontakter

Ofta har jag, Thess hört talas om anhöriga som är jobbiga eller enkla, att kommunicera och ha kontakt med. En grund till att anhöriga kan vara jobbiga, kan ibland vara att många individer inom LSS bedöms på samma sätt, trots att de fått en ingående detaljerad information kring en persons behov av hjälp och intressen. Handläggarna ger felaktiga insatser eller skriver eventuellt svårtolkade beslut, som sedan boendepersonal och personalen på daglig verksamhet ska arbeta utifrån. Ibland ska personalen arbeta utifrån policy och rutiner, som inte passar alla, när personen istället behöver individuellt anpassat stöd. Då kan en del engagerade anhöriga bli jobbiga att ha att göra med...När de har förklarat, men ingen lyssnar. Då kan det bli fel för individen, som inte mår bra och tar skada både i den aktuella situationen och eventuellt i framtiden. På grund av att beslut av insatser och arbetssätt inte är individanpassat.

Jag tycker själv och tror att anhöriga är väldigt viktiga och att de kan underlätta mycket för oss som är i behov av hjälp, men också för de myndigheter som de ofta har kontakt med. Biståndshandläggare och andra myndigheter skulle tjäna mycket tid och pengar på att lyssna och ta del av den fakta, som anhöriga är villiga att ge. Min erfarenhet är att många vårdkontakter, så som läkare, tandläkare, psykologer, dietist, Habiliteringen, sjukgymnaster förstår. Det är klart att det ibland finns personer även där, som inte förstår sig på alla som har en diagnos/ funktionsnedsättning eller dess anhöriga. Men min erfarenhet är att många har tagit sig an mig och mina anhöriga med respekt. Försökt lyssna och handla utifrån hur jag mår och vad jag klarar. Till och med försökt rätta till om något blivit fel. Jag är tacksam för det. Tandläkaren, som försöker anpassa allt åt mig, för att jag ska våga komma och få de behandlingar jag behöver. Läkaren på vårdcentralen som jag känt i många år har skrivit ingående intyg(som tyvärr inte handläggarna tog hänsyn till) och försöker anpassa tider när jag ska komma. En sköterska kommer hem till mig när jag ska ta blodprover. Habiliteringen som varit ett stöd i perioder och det sista året varit ett extra viktigt stöd. De har stor respekt för både mig och mina anhöriga. En psykolog frågade morsan och Gurra om de trodde att jag kommer ha min autism för alltid eller bara ett tag.. Han skrev i läkarutlåtandet att min autism är varaktig... Han tyckte själv det är tokigt att personer med vissa diagnoser ska behöva förnya och förnya sina intyg.. som om vi kommer bli fria våra diagnoser... det ska utredas och utredas igen... Han var gammal. Han visste vad han pratade om.

Men alla vet inte alltid vad de pratar om. Trots en ofta hög förståelse ifrån vårdkontakter, utredningar gjorda och intyg skrivna, så förstår inte en del myndigheter eller handläggare ändå. De har svårt att tro på det som sägs och skrivs. Det har tagit hårt på morsan och Gurra att de inte blivit tagna på allvar och inte blivit betrodda av handläggare i mina ärenden, de sista åren. De har aldrig fuskat med någonting i sina liv och kan inte ljuga. Det är inte roligt för mig att se hur trötta de är. Jag ser även om de försöker dölja det för mig och hålla skenet uppe. De skojar, pratar och försöker uppmuntrar mig, men jag ser ibland då det lyser igenom, hur de verkligen mår. Personer som har arbetat inom LSS-myndigheter har berättat att de blir tillsagda att spara pengar. Inte bevilja insatser ”i onödan”. Detta är dock bara ”hörsägen”. Även morsan och Gurra får ofta höra att de behövs sparas pengar i kommunen de jobbar åt och att det måste effektiviseras. Bland annat med att dra ner på personal inom vård och omsorgs yrkena. Tyvärr blir det en ond cirkel med sjukskrivningar hos personalen, missnöjda brukare och missnöjda anhöriga. Det är tråkigt att pengarna ska bestämma. Men så är det ofta. Tyvärr är det ofta de som inte har så mycket och som inte klarar sig själv, som drabbas hårdast.

4 – Socialstyrelsen – om anhöriga

Socialstyrelsen(2021, s.7) skriver att, sedan 2009 så är kommunerna skyldiga att erbjuda anhöriga stöd, till dem som vårdar och hjälper närstående. Stödet till anhöriga ska vara individualistiskt, av kvalitet och flexibelt. Vidare så skriver de att ungefär en femtedel av vuxna i Sverige ger vård och stöd till någon närstående. En stor del utgör vård och hjälp med mer än tio timmar per vecka. Även barn och ungdomar kan ingå i anhörigskap och vara utförare av omsorgsinsatser och påverkas av detta. Anhöriga avlastar den offentliga vården och omsorgen och fyller på så sätt en samhällsbärande funktion.

Socialstyrelsen(2021, s. 8) menar att när en anhörig ger vård och omsorg till en närstående, så ska det vara frivilligt, enligt lag. Det är inte anhörigas skyldighet, utan det offentligas skyldighet att se till att den enskildes behov av vård och stöd blir tillgodosedda. Vidare så skriver de att många anhöriga kan inte välja när, hur och i vilken grad de ska utföra omsorg och att det kan vara svårt för en del att dra gränsen mellan ofrivillig och frivilligt vårdande. De menar att känslor av omtanke, plikt och nära relationer kan påverka och att belastningen ökar på anhöriga och de kan inte alltid välja hur mycket de ska vårda sin närstående, de gånger som välfärdens insatser inte fungerar. Fortsättningsvis så skriver de att när samhällets insatser brister, så kan anhörigskapet medföra stora påfrestningar för många. De menar att konsekvenserna kan bli att anhörigas psykiska eller fysiska hälsa, livskvalitet och ekonomin påverkas negativt och att en del måste gå ner i arbetstid och förlorar inkomst. Vidare att stress och oro kopplat till anhörig rollen kan påverka anhörigas arbetskapacitet, sociala liv och andra livsområden. De belyser att många barn lever under orimligt ansvarstagande om de växer upp med en familjemedlem som kräver anhörigstöd och en del utvecklar egen ohälsa och kan ha svårt att få en utbildning och svårt i framtida arbetsliv, vilket ger konsekvenser som dålig ekonomi.

Socialstyrelsen(2021, s. 9), skriver att forskning visar att kvinnor är mer negativt påverkade av att vårda anhöriga än män.

Fortsättningsvis så skriver de att anhörigas behov bland annat är: Att välfärdens insatser fungerar för den närstående. Det är en förutsättning för att deras egna insatser är frivilliga. Annars blir de för omfattande. Anhöriga önskar ofta att deras information tas tillvara och att det framkommer vilka insatser de gör, även att det tas hänsyn till deras behov. Inom vård och omsorg kallas det anhörigperspektiv. Som tredje punkt, kan anhöriga behöva stöd för sin egen del. Exempelvis i form av utbildning, avlösning, ekonomiskt stöd, information och samtalsstöd. Man kan läsa att barn har ytterligare rättigheter, exempelvis om de inte får sina grundläggande behov tillgodosedda. Vidare skriver de att konsekvenserna kan bli att anhörigskapet kan få effekter inte bara på individnivå utan också på samhällsnivå i förlängningen. De menar att det kan innebära ökade kostnader på vård och omsorg, minskade skatteintäkter och ojämlika livsvillkor och på så sätt är anhörigas situation en folkhälsofråga, som bör vara en del av regioners och kommuners förebyggande och hälsofrämjande ansvar.

Socialstyrelsen(2021, s. 10) skriver bland annat om att stödet till anhöriga behöver bli mer individanpassat.

Socialstyrelsen(2021, s. 11) menar att anhörigperspektivet behöver stärkas och skriver följande:

På system och organisationsnivå finns efterfrågan av ett stärkt anhörigperspektiv.

- Vid beslut som rör vården och omsorgens organisation
- I styrning och uppföljning
- Vid samverkan och samordning

- I grundutbildningar och kompetensutveckling
- I beslutsfattande och styrning inom andra politikområden som påverkar anhöriga, såsom socialförsäkrings- arbetsmarknads- och skolpolitiken.

I myndighetsutövning och i utförandet av vården och omsorgen efterfrågas ett stärkt anhörigperspektiv

- Vid utredning och beslut om insatser till den enskilde
- I vård- och omsorgsplaneringen
- I utförandet av vård- och omsorgsinsatser
- I verksamheter som möter barn

Socialstyrelsen menar att det krävs styrning, resurser, kunskap och samverkan för att förbättra situationen för anhöriga.

Socialstyrelsen, skriver följande om att värna om anhörigas frivillighet:

> En grundläggande princip är dock att anhörigas insatser och delaktighet alltid ska bygga på frivillighet. Det är därför avgörande att den kommande nationella strategin utformas på ett sätt som inte enbart beaktar anhörigas möjligheter att vara delaktiga i vården och omsorgen eller att få stöd för att orka med sin anhörigroll, utan också värna deras rätt att välja om, hur och i vilken omfattning de ger omsorg. Detta är särskilt viktigt i ljuset av den pågående omställningen till en god och nära vård, som annars riskerar att medföra ett ökat omsorgsansvar för anhöriga
>
> (Socialstyrelsen, 2021, s. 12),

Socialstyrelsen(2021, s. 14), skriver om det uppdrag, som de fått av regeringen som är att ta fram ett underlag för en strategi för anhöriga på en nationell nivå.

Socialstyrelsen(2021, s. 15), beskriver att anhörigomsorg innebär att den anhöriga hjälper personen med insatser för att klara sin dagliga livsföring. Det kan kallas för informell omsorg, till skillnad från den finansierade formella, privat och offentliga vården och omsorgen. Fortsättningsvis skriver de att stöd till den anhörige innebär att denne ska ha möjlighet att få insatser för att underlättas fysiskt, psykiskt och socialt i sin situation.

Socialstyrelsen(2021,s.16) skriver om uppdragets genomförande och vilka anhöriga som ingår i uppdraget.

De menar att anhöriga som uppdraget rör är de som omfattas av 5 kap. 10§Sol, dock ej målgruppen äldre personer.

Socialstyrelsen skriver följande:

5 kap. 10§ Sol, omfattar bland annat anhöriga till individer med

- Fysisk funktionsnedsättning
- Psykiatriska tillstånd
- Intellektuell funktionsnedsättning
- Psykiatriska tillstånd
- Långvarig eller kronisk fysisk sjukdom
- Problematiskt förhållande till alkohol, andra droger eller spel

(Socialstyrelsen, 2021, s. 16)

Här nedan är texten taget ur Sveriges riksdag.
Socialtjänstlagen:

> **10 §** Socialnämnden ska erbjuda stöd för att underlätta för de personer som vårdar en närstående som är långvarigt sjuk eller äldre eller som stödjer en närstående som har funktionshinder. *Lag (2009:549)*(Sveriges riksdag, 2021).

Socialstyrelsen(2021, s. 17) menar att det gäller anhöriga i alla åldrar. Vidare tolkar de brett begreppen och betydelsen av vårdar eller stödjer, som omfattar och kallas passiv omsorg, vilket innebär anhörig som känner ansvar och finns tillgänglig, även om personen inte utför konkreta stödinsatser. De skriver att det tar tid och kraft, vilket kan medföra konsekvenser i den anhöriges vardag, mående, arbete och ekonomi. Socialstyrelsen menar att, i och med detta kan offentliga aktörer behöva se över situationen eller erbjuda stöd till den anhörige.

Socialstyrelsen, skriver vidare om befintligt regelverk som innefattar Lagar, allmänna råd, förordningar, föreskrifter som berör omsorgen, vården, regioners och kommuners stöd och skyldigheter till anhöriga som ger vård och stöd till någon närstående person. De skriver att de lagar som exempelvis ingår är socialtjänstlagen, patientlagen(2014:821), PL; hälso och sjukvårdslagen, HSL; lagen(1993:387) om stöd och service till vissa funktionshindrade, LSS och tandvårdslagen(1985:125) och att även socialförsäkringsbalken(2010:110), SFB och skollagen(2010:800) är viktiga regelverk för anhöriga.

Socialstyrelsen(2021, s. 21) skriver att det är viktigt att visa på hur mycket anhöriga faktiskt gör och att öka kunskapen i samhället om vilka konsekvenser på individnivå och samhällsnivå som anhörigomsorgen får. Vidare skriver Socialstyrelsen om den oro som många äldre anhöriga lever med. En oro för vem som ska ta hand om deras barn när de själva inte längre finns kvar.

Socialstyrelsen(2021, s. 22), skriver bland annat:

> En forskare beskrev hur ett långt omsorgsansvar kan påverka livet på olika sätt för olika anhöriggrupper:
>
> … Och svårigheterna är riktigt stora när det gäller personer med intellektuella eller kognitiva funktionsnedsättningar, hjärnsjukdomar och annat sådant, där man måste finnas till hands som anhörig på så många olika sätt. Där det inte enbart handlar om den praktiska omvårdnaden utan också att vara stöd

> för personens identitet och personliga önskemål, och försöka skapa situationer eller miljöer där den närstående ska kunna leva ett meningsfullt liv. Det blir ett väldigt omfattande uppdrag som många anhöriga lever i hela livet egentligen.
>
> Vidare skriver de: Också anhöriga som inte bor tillsammans med den som har behov av stöd, exempelvis vuxna barn eller syskon till personer med funktionsnedsättningar, psykiska tillstånd, beroendeproblem eller kognitiv svikt, kan uppleva att såväl arbetstid som fritid påverkas av oro, ansvarskänslor och praktiska eller organisatoriska omsorgssysslor(Socialstyrelsen, 2021, s. 22).

Socialstyrelsen menar att anhörig stödet ska vara frivilligt, men är inte alltid det.

Socialstyrelsen(2021, s. 23) skriver att anhöriga kan behöva göra stora insatser, medan de väntar på beslut och på grund av brister i offentliga finansierade vården/ omsorgen.

Vidare skriver Socialstyrelsen om de intervjuer som de har genomfört, där det framfördes att vården och omsorgen har förväntningar på att anhöriga ska utföra omsorgsinsatser, ge tillsyn, utan att ta reda på om de vill eller kan göra det.

Socialstyrelsen(2021, s. 24), skriver om att barns anhörigomsorg kan se olika ut och kan innebära krav att hitta strategier för att kunna hjälpa sin närstående som är i behov av hjälp och även sig själv

Socialstyrelsen(2021, s. 25), skriver om att det kan medföra negativa konsekvenser på kort och lång sikt, när barn tvingas ge stöd åt anhöriga.

Socialstyrelsen(2021, s. 26), har gjort en studie 2018, där det visade sig att 1,2 miljoner personer i Sverige, ungefär var femte person, gav någon form av anhörig stöd. 940 000 av dem var i förvärvsarbetande ålder.

Socialstyrelsen(2021, s. 34), skriver om anhörigskapets konsekvenser. De utgår ifrån intervjuer och menar att anhörigomsorgen kan vara av godo och berikande för den närstående som tar emot hjälp och stöd, men också för den anhörige själv. Den anhörige kan känna sig behövd och det känns då meningsfullt. En del anhöriga har blandade känslor, då de kan vara trötta och känna sig bundna, samtidigt som de kan känna glädje och tillfredställelse att vara nära den som de tycker om.

Socialstyrelsen(2021, s. 35), skriver att det är vanligt att anhörigskapet medför negativa konsekvenser, speciellt om inte anhörigomsorgen är på frivillig basis. De menar att anhöriga får en känsla av att inte räcka till. Det kan mynna ut i negativa konsekvenser som påverkar hälsa, arbete, ekonomi, vardag och livskvaliteten.

Socialstyrelsen(2021, s. 44), skriver följande om

anhörigomsorgens konsekvenser för samhället:

> Anhöriga utför omfattande insatser som innebär stora besparingar för den offentliga välfärden. Därmed fyller anhöriga en viktig och samhällsbärande funktion. Därtill är anhöriga i yrkesverksam ålder en viktig resurs ur ett samhällsekonomiskt perspektiv. I kunskapsöversikten *Anhöriga som kombinerar förvärvsarbete och anhörigomsorg* konstateras att anhörigomsorgen inverkar på produktiviteten på arbetsmarknaden men att detta sällan uppmärksammas i forskningen. För arbetsgivare kan anställdas anhöriganssvar medföra lägre produktion och ekonomiska risker kopplade till anställdas ohälsa, stress eller frånvaro. Ur ett samhällsekonomiskt perspektiv leder den förlorade arbetsinkomsten för individen också till minskade skatteintäkter. Därtill följer andra kostnader för samhället kopplade till att anhöriga som överanstränger sig får sämre hälsa, större behov av vård för egen del samt sämre möjlighet att ta hand om personer de står

> nära. Dessa själ gör att det är viktigt ur ett samhällsperspektiv att stötta anhöriga som frivilligt tar på sig rollen som omsorgsgivare. I regeringens proposition *Stöd till personer som vårdar eller stödjer närstående*(prop.2008/09:82) konstateras att ett väl fungerande stöd till anhöriga kan bidra till att anhöriga orkar ge omsorg under en längre tid än de annars skulle ha gjort. (Socialstyrelsen, 2021, s. 44).

Socialstyrelsen(2021, s. 47), skriver att anhörigskapet kan innebära minskade inkomster. De menar att det kan vara svårt för anhöriga om de inte har möjlighet att arbeta flexibla arbetstider, då de kan behöva sköta delar av den organisatoriska omsorgen under arbetstid.

Socialstyrelsen(2021, s. 50-51), skriver följande om den anhöriges behov:

> Regeringen har tidigare betonat att kommuners stöd till anhöriga ska kännetecknas av individualisering, flexibilitet och kvalitet. Anhörigas behov kan dock inte tillgodoses enbart genom riktade stödinsatser. I denna och tidigare granskningar har det konstaterats att anhörigas behov kan delas in i tre övergripande kategorier:
>
> 1 I första hand är anhöriga beroende av *att välfärdens insatser till den enskilde fungerar* – det är en förutsättning för att deras egna insatser ska vara frivilliga och inte för omfattande.
>
> 2 Därtill önskar många anhöriga att den information de delger beaktas, att de insatser de gör uppmärksammas och att deras egna behov tas hänsyn till – det som kallas ett *anhörigperspektiv* i vården och omsorgen.

> 3 Därutöver kan anhöriga ha behov av *stöd för egen del,* exempelvis information, utbildning, avlösning, ekonomiskt stöd och samtalsstöd(Socialstyrelsen, 2021, s. 50-51).

Socialstyrelsen(2021, s. 52), skriver en sammanfattning om att anhöriga är beroende av att samhällets insatser fungerar. De skriver följande:

> I detta kapitel redogör Socialstyrelsen för hur anhörigas situation påverkas av vården, omsorgen och andra samhällsaktörers agerande och samspel.

- En fungerande välfärd är en grundförutsättning för att anhörigas omsorg ska vara frivillig och att anhöriga ska kunna leva det liv de önskar.
- I kapitlet redovisas ett antal exempel på hur brister i vårdens och omsorgens tillgänglighet och kvalitet leder till att anhöriga tvingas ta ett allt för stort omsorgsansvar, med konsekvenser för deras mående, arbete, ekonomi och sociala liv.
- Också bristande samordning mellan huvudmän och verksamheter riskerar att medföra ett ökat omsorgsansvar för anhöriga. Det kan bland annat innebära att anhöriga behöver följa upp remisser eller provresultat åt den enskilde eller förmedla medicinsk information mellan vårdaktörer. Ett sådant ansvar är tidskrävande, ställer höga krav på anhörigas förmågor och kan innebära en patientsäkerhetsrisk.
- Även barn påverkas i hög grad av att deras föräldrar inte får de insatser de behöver eller att föräldrarnas omsorg om ett annat barn eller en vuxen är så omfattande att det påverkar föräldrarollen och familjens ekonomi negativt.
- Den pågående omställningen till en nära vård, som bland annat innebär att alltmer sjukvård utförs i patienters hem, riskerar att få stora konsekvenser för anhöriga. Anhörigas hjälp är ofta en förutsättning för att vård i hemmet och patienters egenvård ska fungera. Hur anhöriga påverkas

och hur deras förutsättningar att finnas tillhands och bidra ser ut, ges dock otillräcklig uppmärksamhet i omställningens planering och utförande.

- I kapitlet synliggörs också en paradox i at medicinska framsteg indirekt kan bidra till ett omfattande och ibland livslångt omsorgsansvar för anhöriga. Det sker när medicinsk utveckling som innebär att människor överlever olyckor, svåra sjukdomar och för tidig födsel i högre utsträckning än tidigare, inte åtföljs av den omsorg, habilitering och rehabilitering som krävs för att det liv de har räddats till ska kunna levas väl. Följden blir då att anhöriga får kompensera för dessa brister genom att ta ett omfattande och ofta långsiktigt omsorgsansvar.
- Slutligen betonas att anhöriga påverkas av flera samhällsaktörers agerande och samspel. När ett barn inte får det stöd det behöver i skolan för att tillgodogöra sig undervisningen, när en förälder blir utförsäkrad eller en vuxen inte får ersättning för förlorad inkomst till följd av anhörigskapet, drabbas hela familjen. Det betyder att anhörigas situation bör ses som en gemensam uppgift för flera politikområden där utöver vården och omsorgen även arbetsmarknadspolitiken, socialförsäkringen och skolan bör ingå

(Socialstyrelsen, 2021, s. 52).

Socialstyrelsen(2021, s. 53), skriver att brister och förändringar i vården/ omsorgen påverkar anhöriga.

De skriver vidare:

> För många anhöriga består den praktiska och organisatoriska omsorgen både av att kompensera för det som individen inte själv klarar att göra och att kompensera för sådant som vård- och omsorgssystemet är skyldigt att erbjuda men där offentliga insatserna brister. En fungerande välfärd är därmed en grundförutsättning för att anhörigas omsorg ska vara frivillig och att de ska kunna arbeta, studera och leva det liv de önskar parallellt med sitt anhörigskap(Socialstyrelsen, 2021, s. 53).

> Här följer ett skriftligt inlägg till Socialstyrelsen, ifrån NSPH, Samarbetsorganisationen:
>
> Anhöriga har rätt att själva ha ett bra och självständigt liv utan att tyngas av en orimligt stor vård- och omsorgsbörda och en ständigt gnagande oro med täta akututryckningar. För att nå dit krävs att de anhöriga känner sig trygga med att deras närstående får bästa möjliga vård och omsorg. Då slipper man vara en ställföreträdande vårdare och kan vara den stödjande familjemedlem eller vän som de flesta vill vara. Det är också det i särklass bästa stödet man kan ge till anhöriga. När stödet fungerar bra, kan de anhöriga andas ut och känna sig lugna(Socialstyrelsen, 2021, s. 53).

Socialstyrelsen(2021, s. 54) menar att nedskärningar och omorganisationer kan medföra ökat ansvar för anhöriga.

> Riksförbundet Attention kommenterade detta i ett skriftligt inlägg till Socialstyrelsen:
>
> Många anhöriga lever under en stress/oro som vi inte ens kan föreställa oss, med ständiga suicidala hot och försök till suicid från sina närstående. Ansvaret att "vaka" över den närstående läggs i mångt och mycket över på de anhöriga som i dagsläget inte har någon arbetsrättslig möjlighet till ledighet från sina arbeten eller någon rätt till ekonomisk ersättning från socialförsäkringssystemet. De hamnar helt mellan stolarna. Kan du tänka dig något värre än att ha fått ansvaret för ditt vuxna barns överlevnad och sedan misslyckas?

Socialstyrelsen(2021, s. 54) berättar hur bemanningsproblem i en verksamhet kan påverkar anhöriga. De menar att bemanningsproblem kan leda till att kontinuiteten och kvaliteten i vården och omsorgen blir sämre och att det påverkar situationen så den blir otrygg för den enskilde och deras anhöriga. De skriver att ibland kan det leda till att hälso- och vårdkontakter uteblir vid personalbrist och att då omsorgsansvaret blir större för anhöriga.

En förälder skriver:

> På 4,5 år har vi träffat barnets läkare fysiskt fem gånger. Enligt de medicinska handlingsplanerna ska det vara kontroll tre till fyra gånger per år, och det är klart att det inte är optimalt att träffa läkaren tillsammans med barnet så sällan, när de medicinerar med mediciner som behöver uppföljning. Senast förra hösten gick de ut ett brev där de skrev att de stoppar alla planerade besök för att de har personalbrist(Socialstyrelsen, 2021, s. 54).

Socialstyrelsen(2021, s. 55) beskriver hur svårigheter att få en utredning kan påverka anhöriga.

> De skriver bland annat:
>
> Ett annat exempel som togs upp var att personer med intellektuell funktionsnedsättning kan ha svårt att få utredning och stöd för olika former av psykisk ohälsa, trots att sådan ohälsa är vanlig i denna grupp. Psykiatrin beskrevs ha svårt att upptäcka och ta emot personer med intellektuell funktionsnedsättning och sas ha en kunskapsbrist gällande bemötande samt alternativ och kompletterande kommunikation.
>
> Vidare skriver de: När en medicinsk eller psykiatrisk utredning inte blir av eller fördröjs, uteblir eller försenas också möjligheterna att få behandling och stöd – både för den enskilde och för dess anhöriga. Gällande barn med neuropsykiatriska funktionsnedsättningar kan utebliven utredning betyda att barnet och dess familj inte får det stöd de behöver för att klara skolan och vardagen. Gällande samsjuklighet i form av beroende och psykiatriska tillstånd kan behandling av det senare

> vara avgörande för att den enskilde ska kunna ta sig ur sitt beroende. För de anhöriga kan utebliven utredning därmed innebära att de får leva med både en fortsatt oro och ett fortsatt ansvar för att stötta personen på olika sätt(Socialstyrelsen, 2021, s. 55).

Socialstyrelsen(2021, s. 56), skriver om att det innebär risk för många med funktionsnedsättningar att få en försämrad munhälsa. Om stöder uteblir från vård- eller omsorgspersonal att åtgärda problem som kan dyka upp med munhälsan, så behöver någon annan ge den hjälpen om inte personen själv klarar av det. Socialstyrelsen skriver:

> För anhöriga kan det innebära ytterligare ett område där de både behöver ge praktisk omsorg och ansvara för att samordna kontakter med omsorgen, sjukvården och tandvården. Bristande information och kunskap om tandvårdsstöd riskerar också att påverka anhöriga ekonomiskt och omsorgsmässigt. Det finne en särskild risk att personer med vissa funktionsnedsättningar och personer som vårdas av anhöriga i hemmet inte får del av tandvårdsstöden(Socialstyrelsen, 2021, s. 56).

Vidare skriver Socialstyrelsen följande under rubriken "Begränsade eller bristande LSS-insatser förskjuter ansvar till anhöriga":

> Tillgången till LSS-insatser skiljer sig åt över landet och vissa insatser har beviljats i allt mindre utsträckning eller begränsats i innehåll eller omfattning på senare år. När enskilda inte får de insatser de behöver kan det innebära en dubbel belastning för anhöriga, som dels får ta ett större omsorgsansvar för att kompensera för den uteblivna insatsen och dels riskerar ett omfattande administrativt arbete i samband med överklaganden eller nya ansökningar. I det följande återges några exempel som framfördes i Socialstyrelsens intervjuer

> och mötesdiskussioner på hur begränsade eller bristande LSS-insatser påverkar anhöriga(Socialstyrelsen, 2021, s. 56).

Socialstyrelsen skriver följande under rubriken ”Personlig assistans”:

> Tillgången till och kvaliteten på den personliga assistansen tenderar att få direkta konsekvenser för anhörigas omsorgsansvar. Exempelvis kan tillgången till assistans vara avgörande för anhörigas möjlighet att arbeta och för föräldrars möjlighet att ge fullgod omsorg till sina barn och andra familjemedlemmar.
>
> Den statliga assistansersättningen har minskat på senare år. Socialstyrelsen konstaterade i en rapport 2017 att rättsutvecklingen är en bidragande orsak till att många fått sin assistansersättning indragen, där domar från Högsta förvaltningsdomstolen(HFD) har fått omfattande konsekvenser för både kommuner och brukare med personlig assistans. Granskningar har visat att barn beviljas färre assistanstimmar än vuxna samt att barn är överrepresenterade bland de som fått indragen assistans ersättning eller personlig assistans enligt LSS eller fått avslag på ansökan om sådana insatser. Även när assistans beviljas kan det vara svårt att hitta personliga assistenter som har kompetens att hantera personer med omfattande funktionsnedsättningar, stora vårdbehov, kommunikations-svårigheter eller utåtagerande beteenden(Socialstyrelsen, 2021, s. 56).

> Vidare har Socialstyrelsen tidigare uppmärksammat att det förekommer att indragen statlig assistansersättning leder till att enskilda behöver flytta till boende om deras omsorgsbehov inte längre kan tillfredsställas i hemmet. Det förekommer även för barn, även om det är ovanligt(Socialstyrelsen, 2021, s. 57).

Vidare skriver de att indragen assistans kan innebära att ett barn eller en vuxen kan behöva flytta från sin familj, även om inte den anhörige eller den enskilde själv önskar det.

Socialstyrelsen(2021, s. 57) beskriver följande under rubriken "Bostad med särskild service enligt LSS":

> Också den omvända situationen förekommer – att enskilda som önskar flytta till boende inte får det eller inte erbjuds ett boende som möter deras behov. Det finns även en obalans i tillgången till särskilda boendeformer, till exempel gruppbostad, servicebostad och annan anpassad bostad enligt LSS. I Boverkets bostadsmarknadsenkät för 2020 svarade en tredjedel av kommunerna nej på frågan om huruvida behovet av särskilda boendeformer för personer med funktionsnedsättning kommer vara täckt om fem år. Både socialstyrelsen och andra instanser har tidigare uppmärksammat att verkställighetstiden för beslut om boende till både vuxna och barn är lång.
>
> Bristande tillgång till särskilda boendeformer betyder att ungdomar och vuxna i behov av dessa insatser tvingas bo kvar i föräldrahemmet längre än vad de själva och deras anhöriga vill, trots att de enligt lag har rätt till insatser boende och i vissa fall redan har beviljats det av kommunen. När en person med stora stödbehov bor kvar hemma betyder det att anhörigas ansvar för omvårdnad och omsorg sträcker sig över en längre tid än vad som egentligen är tänkt, ibland med konsekvenser för deras livssituation och ekonomi. Till exempel framfördes i Socialstyrelsens intervjuer och mötesdiskussioner att många vuxna som har behov av LSS-boende inte klarar sig hemma själva när de är sjuka. Det betyder att föräldrar eller andra anhöriga då kan behöva stanna hemma från arbetet för att ge tillsyn och omsorg, trots att de inte längre har rätt att ta ledigt

eller få ersättning för det eftersom individen är vuxen och inte längre omfattas av regelverket för vård av barn(Socialstyrelsen, 2021, s. 57-58).

I Socialstyrelsens intervjuer och mötesdiskussioner undersöks vidare att de boenden som erbjuds behöver hålla god kvalitet avseende personalens kompetens och den omsorg och de aktiviteter som erbjuds.

En organisationsföreträdare

Kommenterade:

> Det bästa anhörigstödet är förstås att den [enskilde] bor i en bostad med god kvalitet, som gör att den får ha en god fysisk och psykisk hälsa, känner gemenskap i LSS-bostaden, alltså har något utbyte av de andra boende, har personal som kan erbjuda en meningsfull fritid, att de känner sig delaktiga och har inflytande över sitt eget liv. Och att de också blir förstådda, alltså att personalen klarar av att kommunicera på det kommunikationssätt som personen har. Så det är ju det allra viktigaste för den anhöriga – att veta att den närstående mår bra, helt enkelt(Socialstyrelsen, 2021, s. 58).

När enskilda inte har det bra på sitt boende kan situationen upplevas som otrygg, vilket kan få följder för anhörigas psykiska hälsa. I Socialstyrelsens intervjuer och mötesdiskussioner framfördes att vissa anhöriga erfar att de inte får insyn i verksamheten och att det är svårt att framföra klagomål om de observerar eller misstänker missförhållanden. Socialstyrelsen har i en rapport publicerad 2021 konstaterat att det finns stora behov att stärka kompetensen på LSS-boenden. Vidare framfördes att det råder brist på boenden som är anpassade för olika målgrupper, exempelvis yngre personer med funktionsnedsättningar, som är vana vid att leva ett aktivt och socialt liv. En forskare påpekade att barn som vuxit upp med funktionsnedsättningar idag har högre förväntningar på vuxenlivet än för några decennier sedan, då fler barn växte upp på institution och flytten till boende kunde innebära en förbättring. Det innebär att unga människor med funktionsnedsättning ibland tackar nej till boende som inte möter deras behov av stimulans och umgänge. Detsamma gäller för andra grupper, när boendet som erbjuds inte stämmer överens med individens behov.

Socialstyrelsen(2021, s. 59), menar att det habiliterande stödet för barn med autismspektrum-syndrom stadigt har försämrats och skriver:

På 80- och 90-talen fanns fungerande habiliteringsverksamheter i många landsting med tvärprofessionella team. Dessa har med tiden försvunnit. Idag är de flesta med autism utan en vidhängande intellektuell funktionsnedsättning hänvisade till BUP, som sällan kan ge individuellt utformat stöd, vilket är en förutsättning vid autism(Socialstyrelsen, 2021, s. 59).

Ledsagarservice

Socialstyrelsen(2021, s. 60), skriver om den kartläggning som de har gjort och menar att ledsagarservice är en insats där anhöriga påverkas, då denna insats nekas eller dras in. De berättar att besluten om insats ledsagarservice minskade med 20% mellan 2009 och 2018 och att det kan skilja på riktlinjer mellan olika kommuner. De menar att en del kommuner inte vill bevilja ledsagning för de personer som bor i bostad med särskild service för vuxna och inte heller för barn under 13 år. De menar att kommunen då hänvisar till föräldraransvaret. Vidare så skriver de att vissa kommuner har riktlinjer som påverkar dem insatser en person är beviljad. De menar att man inte kan få vissa insatser beviljade samtidigt, vilket kan innebära att anhöriga får ta ansvar för att den enskilde ska få komma ut på aktiviteter och utflykter, om ledsagarservice blir indraget. De skriver att det begränsar den enskilde som kan önska att få komma ut i samhället, utan sina anhöriga/ föräldrars hjälp.

Socialstyrelsen(2021, s. 60-61), beskriver hur svårt det kan vara för anhöriga, då många kommuner saknar klagomålshantering. De menar att i de fallen så utreds inte de inkomna klagomålen, vilket gör att verksamheten inte kan förbättras och utvecklas där klagomålen inte tas på allvar. De skriver vidare att vid klagomål så hänvisar kommunerna ibland till Ivo, inspektionen för vård och omsorg, som gör en självständig bedömning, då de inte har skyldighet att utreda inkomna anmälningar. De menar att om Ivo inte anser att utredning behövs, så skickar de ofta tillbaka ärendet till kommunen, vilket bidrar till att många anhöriga känner att de är rättslösa mot kommunen. Socialstyrelsen skriver vidare att studier har påvisat att anhörigas psykiska hälsa påverkas av de känslor av rättslöshet och maktlöshet som de kan känna i sådana här svåra situationer.

Socialstyrelsen(2021, s. 61), citerar en företrädare för en intresseorganisation som beskrev att föräldrar upplever en ständig kamp mot omgivningen med följande ord:

> Kommunerna utgår från sin budget och inte från familjernas behov. Vi får stånga oss blodiga i stället för att ägna tid åt barn och familj. Kommunerna utnyttjar att vi som föräldrar inte har något val och arbetar inte efter lagstiftningen och ger oss det vi har rätt till(Socialstyrelsen, 2021, s. 61).

Vidare så skriver socialstyrelsen(2021, s. 62), att föräldrar kan tvingas ta ledigt ifrån sina arbeten både akut och planerat. Många föräldrar tvingas även att korta ner sin arbetstid eller att sluta arbeta helt. Det kan medföra ekonomiska konsekvenser för hela familjen både på kort och lång sikt.

Organisationsföreträdare skriver vidare:

> När man inte får personlig assistans, kanske inte alls eller i den utsträckning man behöver, så blir föräldrarna, de anhöriga, oerhört snabbt slutkörda. Det påverkar självklart övriga barn i familjen negativt. Det är väldigt vanligt med sjukskrivningar, stora sömnsvårigheter hos föräldrarna, stress, psykisk ohälsa – ja, allt det här som följer naturligtvis. Så det påverkar de anhöriga oerhört och självklart påverkas syskonen av att föräldrarna är trötta och slitna också(Socialstyrelsen, 2021, s. 62).

Socialstyrelsen(2021, s. 64), skriver att en anhörigkonsulent beskrev hur en äldre anhörig kan känna det:

> När den äldre närmar sig livets slut så är det en process att veta att jag kommer att lämna min son eller dotter ensam i livet med den här svåra sjukdomen. Hur kan jag göra det så bra som möjligt? Kan man vara säker på att socialtjänsten kommer att tillgodose min sons eller dotters behov när jag inte längre är i livet. Det kan skapa mycket ångest(Socialstyrelsen, 2021, s. 64).

Socialstyrelsen skriver fortsättningsvis att många anhöriga bär en oro över vem som ska ta över ansvaret och att deras närstående ska få rätt hjälp, när inte anhöriga längre orkar och kan ta ansvar.

Socialstyrelsen(2021, s. 67), skriver att anhöriga tvingas ta ansvar för att organisera, samordna och kompensera när det brister mellan olika omsorgs och vårdaktörer. De menar att den anhörige "behöver ligga på överallt", annars finns risk att den enskilde inte får sina behov tillgodosedda. Vidare skriver de att anhöriga kan behöva förmedla information mellan flera olika omsorg och vårdgivare och att det här ställer höga krav på anhöriga och tar mycket tid och att de behöver ha kompetens och en initiativförmåga.

Socialstyrelsen(2021, s. 68), skriver att det krävs mycket av anhöriga i kontakten med alla involverade då barnet övergår till vuxenvärlden. De menar att det innebär ytterligare nya kontakter och många förändringar. Vidare att den anhörige behöver upprätta fullmakter, för att kunna fortsätta få tillgång till information och vara delaktig i den närståendes liv, när denne blir myndig.

Socialstyrelsen(2021, s. 70), skriver under rubriken "Ansökningar, omprövningar och överklaganden kan innebära omfattande arbetsinsatser och stor oro för anhöriga", att anhöriga kan tvingat att ta ett stort omsorgsansvar, när det brister i tillgången av välfärdsinsatser. De menar att anhöriga ofta får ta ett stort ansvar när det gäller ansökan av insatser, omprövningar och att överklaga avslag på ansökningar.

Socialstyrelsen(2021, s. 71) skriver att anhöriga inte alltid orkar ansöka om de insatser deras närstående är i behov av, då det oftast krävs intyg från flera olika professioner, som de anhöriga ofta får samla in och koordinera. Vidare skriver de, att trots att läkare och andra professioner har gjort bedömning att insatsen behövs, så är det inte säkert att intygen godkänns och det kan bli avslag trots professionella bedömningar.

En organisationsföreträdare yttrade:

> Det har blivit en vana helt enkelt, att kommunerna avslår ansökningar om olika insatser, och föräldrarna

då – eller den enskilde om det är en vuxen – hänvisas till att det bara är att överklaga. Och det är ju inte så bara, för där kommer vi till något som är väldigt jobbigt för anhöriga och tar mycket energi, och det är det här att överklaga när beslut eller ansökan avslås.

Och rättsstöd saknas i LSS, så det innebär att den enskilde själv får formulera en ansökan eller anlita advokat, vilket naturligtvis kostar mycket... Men det är ju en maktobalans i och med att kommunen har tillgång till både en och flera jurister som stöd. Så väldigt, väldigt ofta – så gott som nästan alltid – så vinner inte den enskilde en överklagan, utan kommunen får rätt(Socialstyrelsen, 2021, s. 71).

Socialstyrelsen(2021, s. 71-72) skriver vidare om handläggningen, som präglas av sparkrav, lokala riktlinjer, att LSS, SOL och sjukförsäkringen inte håller det som lagtexterna föreskriver. De menar att en del LSS-handläggare uppmanar att anhöriga inte ska söka vissa insatser, då de ändå inte kommer att bli beviljade. Här nämnder också socialstyrelsen, att man upplever att sådana riktlinjer och begränsningar har medfört misstro mot sökande och även mot de professioner som bistår med intyg av ansökningar och omprövningar. Många upplever att det har blivit svårare att bli trodd i kontakten med LSS-handläggare.

En läkare och forskare yttrade:

Det uppstår oerhört mycket vånda hos föräldrar när de ska begära hjälp. Det är jättetufft att bli ifrågasatt, när du kanske inte har sovit en natt på många, många år. Det är kommunens handläggare och Försäkringskassan som ifrågasätter .... Handläggarna måste kunna läsa intyg också, och det gör vissa jättebra och andra gör det inte. Det är fruktansvärt tufft

> för mina yngre läkarkollegor nu att skriva intyg, för man blir inte trodd(Socialstyrelsen, 2021, s. 72).

Socialstyrelsen(2021, s. 72), skriver att anhöriga behöver ha kunskap om systemet, förstå sig på juridik, förstå och tala god svenska, ha tid och ork, för att klara av att ansöka och sedan överklaga beslut. De menar att det är inte alla anhöriga som kan anpassa sina arbeten och kombinera anhörigomsorg med arbete och studier. Vidare skriver de att det inte är möjligt för de flesta med vuxna barn med en funktionsnedsättning, att få ett ekonomiskt stöd för utebliven inkomst. Socialstyrelsen skriver mer om vilka som har rätt till ersättning och i vilka situationer.

Socialstyrelsen(2021, s. 106) skriver följande om kommuners skyldigheter gentemot vuxna anhöriga:

> Alla kommuner är skyldiga att erbjuda stöd för att underlätta för de personer som vårdar en närstående som är långvarigt sjuk eller äldre eller som stödjer en närstående som har en funktionsnedsättning. Bestämmelsen anger dock inte vad stödet ska bestå av. Kommuners stöd till anhöriga kan ta formen av insatser som är riktade till de anhöriga själva (direkt stöd) eller insatser som är riktade till den enskilde enligt Sol eller LSS där syftet också är att ge stöd eller avlösning till anhöriga (indirekt stöd)(Socialstyrelsen, 2021, s. 106).

Socialstyrelsen(2021, s. 165) menar att anhörigas situation är en folkhälsofråga och skriver följande:

> Anhörigomsorgens negativa konsekvenser på individnivå får också följder på samhällsnivå, i form av ökade vård- och omsorgskostnader, minskade skatteintäkter samt ojämlika och ojämnställda livsvillkor. Anhörigas situation är därmed en folkhälsofråga och en uppgift för den kommande strategin bör vara att tydliggöra detta

(Socialstyrelsen, 2021, s. 165).

Socialstyrelsen(2021, s. 186) skriver bland annat följande om de insatser som individen kan få beviljat som stöds av Lagen(1993:387) om stöd och service till vissa funktionshindrade, LSS:

> LSS är en rättighetslag. Syftet med lagen är att garantera personer med omfattande och varaktiga funktionshinder stöd som kan undanröja svårigheter i den dagliga livsföringen. Verksamhet enligt LSS ska främja jämlikhet i levnadsvillkor och full delaktighet i samhällslivet för de personer som ingår i lagens personkrets. Målet ska vara att den enskilde får möjlighet att leva som andra.
>
> För att ha rätt till insatser enligt LSS måste personen tillhöra någon av de tre grupperna i LSS personkrets som definieras i 1§ 1-3 LSS. Det handlar bland annat om personer med intellektuell funktionsnedsättning, autism, autismliknande tillstånd eller andra stora och varaktiga fysiska eller psykiska funktionsnedsättningar. Lagen innehåller bestämmelser om tio olika insatser med olika syften och innehåll. Insatserna ska vara varaktiga och samordnade. De ska anpassas till mottagarens individuella behov och utformas så att de är lätt tillgängliga för de personer som behöver dem och stärker deras förmåga att leva ett självständigt liv(Socialstyrelsen, 2021, s. 186).

De tio insatserna är

9 § 1 LSS Rådgivning och annat personligt stöd

9 § 2 LSS Personlig assistans

9 § 3 LSS Ledsagarservice

9 § 4 LSS Kontaktperson

9 § 5 LSS Avlösarservice

9 § 6 LSS Korttidsvistelse

9 § 7 LSS Korttidstillsyn

9 § 8 LSS Boende för barn

9 § 9 LSS Boende för vuxna

9 § 10 LSS Daglig verksamhet

Socialstyrelsen(2021, s. 188) beskriver vad en fullmakt innebär på följande sätt:

> En framtidsfullmakt är en fullmakt som någon(fullmaktsgivaren) ger åt en fysisk person(fullmaktshavaren) att företräda fullmaktsgivaren för det fall hen på grund av sjukdom, psykisk störning, försvagat hälsotillstånd eller liknande förhållande varaktigt och i huvudsak inte längre har förmåga att ha hand om de angelägenheter som fullmakten avser. En framtidsfullmakt får omfatta ekonomiska och personliga angelägenheter(Socialstyrelsen, 2021, s. 188).

Socialstyrelsen(2021, s. 196) skriver följande om samtycke:

> Sekretesskyddade uppgifter kan lämnas ut om den som uppgifterna gäller ger sitt samtycke. Om den som uppgifterna gäller inte ger sitt samtycke finns vissa sekretessbrytande bestämmelser som medför att socialtjänsten och hälso- och sjukvården ändå kan lämna ut uppgifter som omfattas av sekretess.
>
> Om en person har nedsatt beslutsförmåga kan det vara problematiskt att hantera samtyckesfrågan men man kan få ledning genom en eventuell ställföreträdare och anhöriga. Detta kan i sin tur användas i en bedömning av om det finns ett presumerat samtycke. En närstående kan dock inte samtycka i den enskildes ställe. Som huvudregel gäller inte sekretess till skydd

för en person i förhållande till personen själv. Ett undantag från huvudregeln är om det med hänsyn till ändamålet med vården eller behandlingen är av synnerlig vikt att uppgiften inte lämnas till hen. När informationen inte kan lämnas till patienten ska den i stället såvitt möjligt lämnas till en närstående till patienten(Socialstyrelsen, 2021, s. 196-197).

Socialstyrelsen(2021, s. 197-199), skriver om de olika ersättningar som en del anhöriga kan ha rätt till i samband med att de hjälper och stöttar en anhörig. Rätten till hjälp kan variera i olika kommuner. Socialstyrelsen ger exempel på ekonomisk ersättning kan vara: omvårdnadsbidrag och merkostnadsersättning, som ersatt det tidigare vårdbidraget, som man kunde få som förälder, när man vårdade sitt barn. Närståendepenning, kan man få om man behöver vårda en närstående som är svårt sjuk. Anhöriganställning erbjuder bara vissa kommuner. Anhörigbidrag, hemvårdnadsbidrag och omvårdnadsbidrag erbjuder bara vissa kommuner och det kan se olika ut för vem som får bidraget och hur stort det är.

Källor:

Socialstyrelsen(2021). *Anhöriga som vårdar eller stödjer någon de står nära.*

https://www.socialstyrelsen.se/globalassets/sharepoint-dokument/artikelkatalog/ovrigt/2021-6-7464.pdf [2021-09-08]

Sveriges riksdag(2021). *Socialtjänstlag.*

https://www.riksdagen.se/sv/dokument-lagar/dokument/svensk-forfattningssamling/socialtjanstlag-2001453_sfs-2001-453[2021-09-19]

5– Anhörigas berättelser

I det här kapitlet är det några anhöriga som delar med sig av hur det kan kännas att vara anhörig och/ eller berättar någon egen historia.

Anhörig 1:

Namn: Lollo

Ålder: 30

Kvinna/ man: Kvinna

Yrke/ Studerar: Studerar och arbetar vid sidan av studierna

Bor i Kommun/ Stad: Stockholm

Är du en anhörig(till någon som tillhör LSS)?: Ja, jag är syster

eller

Har du själv beviljade insatser inom LSS eller SOL?: Nej

Vilken funktionsnedsättning/ diagnos har du/ din närstående? Mitt syskon har Autism och är väldigt känslig, på flera olika sätt.

1: Vad är din bästa erfarenhet av LSS eller SOL?

Det kan handla om ett beslut, en insats, en person som gett dig/ din närstående stöd eller annat.

En ledsagare och en kontaktperson som mitt syskon hade.

2: Vad är din sämsta erfarenhet av LSS eller SOL?

Att mitt syskon måste söka och beviljas stöd nästan varje år trots att diagnosen kommer finnas livet ut. Att det är svårt att få tillräckligt med timmar beviljat för hen trots att hen har ett stort behov av stöd för att kunna klara vardagen och få en värdig fritid för möjligheten att få ett bra fysiskt och psykiskt mående. Att det är svårt för myndigheten/olika boenden att individanpassa för personerna som behöver stöd.

3: Tycker du att du/ din närstående har fått de insatser, som du/ din närstående är i behov av? Tillräckligt många timmar? Rätt stöd/ hjälp? Rätt bemötande av personalen? Vad är du nöjd med? Vad är du missnöjd med?

Nej, mitt syskon har inte fått rätt insatser då hen haft behov av individuellt anpassat stöd men inte kunnat få detta och då inte kunnat få sina behov tillfredsställda för att kunna klara av vardagen. Hen har inte fått tillräckligt med timmar, inte tillräckligt med stöd och inte heller alla gånger ett bra bemötande från personalen.

4: Hur tycker du att samverkan fungerar med/ mellan dig/ närstående, boende, daglig verksamhet, vårdkontakter, handläggare och övriga myndighetskontakter? Vad fungerar bra? Vad fungerar mindre bra? Hur önskar du att det ska vara?

Jag är inte insatt i det på egen hand, men får ibland höra att det kan vara svårt med samverkan och att bli betrodd som anhörig. Det är hemskt. Mitt syskon kan inte föra sin egen talan, då hen inte kan förklara saker, inte kommer ihåg och blir stressad av möten med okända människor. Hen har skrivit under fullmakter för att anhöriga ska hjälpa hen. Det är hens egen önskan. Hen berättar för dem vad hen önskar och om det är något som varit svårt för hen och de förmedlar vidare. Jag som vet vad hen kan behöva för insatser, ser att myndigheterna inte lyssnat, eftersom hen många gånger inte fått de insatser som hen verkligen är i behov av. Det är svårt att se, eftersom det påverkar hen och hens hälsa både fysiskt och psykiskt mycket negativt. Det är fruktansvärt att se, när man själv inte kan göra någonting.

5: Hur ser ditt/ din närståendes liv ut idag?

Mitt syskon bor hemma och får mycket stöd och hjälp av våra föräldrar, vilket jag inte tycker är så det borde vara, då hen är vuxen och föräldrarna blir begränsade till att kunna göra saker som de vill, då de alltid måste planera om de ska åka iväg, och ta hjälp från andra vänner eller familjemedlemmar för att kunna få det att gå ihop. Även att de får mycket obetalt extra jobb som dem måste utföra, utöver sina betalda jobb som de redan har. Att fixa frukost, lunch och middag, exempelvis behöva åka hem från jobbet på lunchen för att fixa lunch åt mitt syskon som behöver stöd. De måste hjälpa hen med alla dagliga sysslor och allt hemarbete, utan lön.

Vilken boendeform? Mitt syskon bor hemma hos föräldrarna men har tidigare testat ett gruppboende vilket inte fungerade då boendet inte kunde individanpassa stödet.

Skola? Går inte i skolan

Arbete? Kan inte arbeta

Daglig verksamhet/ Daglig sysselsättning? För närvarande ingen daglig verksamhet eller sysselsättning, eftersom mitt syskon inte fått beviljad insatshjälp med att någon ska hjälpa till så att hen kan komma iväg till en daglig verksamhet. Hen behöver mycket tid och hjälp för att komma hemifrån.

Ensamstående/ gift? Ensamstående. Ingen partner.

Barn? Inga barn

Vilka insatser är beviljade? Ledsagning 12 timmar i månaden

6: Hur skulle du vilja att ditt/ din närståendes liv skulle se ut om du får välja själv?

Då skulle mitt syskon ha x antal timmar i veckan med stöd alla måltider, tvätt, städning, påminnelse av dusch och borsta tänderna. Samt ledsagare som går ut med hen två eller tre gånger i veckan för att hitta på något, exempelvis 8 timmar i veckan. Alternativt daglig verksamhet 3-4 timmar per dag, där ledsagare till en början kan vara med på verksamheten för att se att allt går bra.

7: Övrig frågeställning, som jag önskar skriva om:

8: Avslutningsvis, får du gärna beskriva din erfarenhet av att vara anhörig på gott och ont. Exempelvis känslor, så som glädje, sorg, fått respekt? lärorikt, ovisshet om vad som ska hända. Ja, det du själv har upplevt.

I barndomen, främst tonåren var det ibland jobbigt att behöva anpassa sig efter sitt syskon, exempelvis att det var ”ok” för hen att göra vissa saker eller säga vissa saker (svordomar), men när man själv gjorde det var det inte ”ok”, vilket var ibland frustrerande eller svårt att förstå i den åldern. Trots att man egentligen visste varför det var så. När familjen skulle göra saker tillsammans behövde det oftast ta extra lång tid då mitt syskon behövde mer tid att förbereda sig exempelvis, om man skulle iväg och ta tåget någonstans var vi där mer än 2 timmar innan tåget skulle gå för att man aldrig riktigt kunde ”veta” hur lång tid allting skulle ta med att förbereda mm. Vissa tillfällen då hen fick utbrott var jobbiga speciellt om jag hade haft kompisar hemma (detta var i yngre ålder), och man skämdes över utbrotten och fick förklara. Allting blev lättare efter tonåren när man var äldre, att förstå sitt syskon och förstå behoven och varför det varit som det var i yngre ålder. Man uppskattade tiden med syskonet och att se hen utvecklas socialt, och lära sig hur hen fungerar, och få en större förståelse för hur hen mår och vad hen har för behov för att få ett bra liv. Det ger även en glädje över enkelheten när man umgås, att det endast krävs små saker för att ha det trevligt och roligt tillsammans.

Anhörig 2:

Namn: Jocke

Ålder: 54 år

Kvinna/ man: Man

Yrke/ Studerar: Hantverkare

Bor i Kommun/ Stad: Skåne

Är du en anhörig(till någon som tillhör LSS)?: Ja, bonuspappa

Har du själv beviljade insatser inom LSS eller SOL?: Nej

Vilken funktionsnedsättning/ diagnos har du/ din närstående? Lindrig utvecklingsstörning, Adhd, svår Autism

1: Vad är din bästa erfarenhet av LSS eller SOL?

Det kan handla om ett beslut, en insats, en person som gett dig/ din närstående stöd eller annat.

Jag har hört att Åsa hade några jätte bra lärare på särskolan, vid något tillfälle under skoltiden. Tyvärr så fick hon byta skola efter något år. Så har det tydligen sett ut i hennes uppväxt. Många byten av personal och olika personer genom hennes ganska unga liv.

2: Vad är din sämsta erfarenhet av LSS eller SOL?

Det kan handla om ett beslut, en insats, en person som gett dig/ din närstående stöd eller annat.

Det sämsta som jag sett som har med LSS att göra, är att det inte finns någon kontinuitet. De personer som får LSS insatser får ofta vara med om förändringar, vilket är jobbigt för många. De här personerna är i stort behov av trygghet och stabilitet. Det tycker jag inte att de får, när de ska behöva byta skola, när verksamheter ofta verkar omorganisera. Det verkar som om många som jobbar inom LSS, bara har jobbet en kortare period eller under några år. Speciellt ledsagare, kontaktpersoner och personal på daglig verksamhet, även inom hemtjänsten. Men det kanske bara är i storstan som det är så. Jag tycker det är viktigt att utforska vad det kan bero på. Om det är arbetsförhållanden eller annat, som kan behöva förbättras.

3: Tycker du att du/ din närstående har fått de insatser, som du/ din närstående är i behov av? Tillräckligt många timmar? Rätt stöd/ hjälp? Rätt bemötande av personal? Vad är du nöjd med? Vad är du missnöjd med?

Tyvärr är jag inte nöjd. Vi anhöriga har fått jobbat mycket gratis. Även om vi har sagt ifrån och sökt om insatser, så får personerna sällan de insatser de är i behov av. Jag har hört flera vänner som har sagt samma sak. Vi har flera vänner, bekanta och kollegor, som har anhöriga som tillhör LSS. En vän till oss som har jobbat som handläggare berättade hur de resonerar. Om det finns anhöriga som sköter om personen, så finns ingen anledning att ge insatser, som kostar samhället pengar. De anhöriga måste säga att de ska flytta ut, att de inte kan ta hand om personen längre. Men då är många rädda för att deras närstående ska få insatser som inte är rätt för dem. Det har hänt flera personer. Att handläggarna ger en insats som de tror är bra, men personen själv inte önskar den.

Jag är nöjd med en jätte bra kontaktperson som Åsa har. Kontaktpersonen har jobbat med henne i flera år, även om det bara är några få timmar i månaden, så betyder det mycket.

4: Hur tycker du att samverkan fungerar med/ mellan dig/ närstående, boende, daglig verksamhet, vårdkontakter, handläggare och övriga myndighetskontakter? Vad fungerar bra? Vad fungerar mindre bra? Hur önskar du att det ska vara?

Den här frågan vill jag egentligen inte prata om, för den är jobbig. När jag kom in i bilden, i Åsas liv, så hade jag inte så mycket erfarenhet av LSS, att vara anhörig. Jag fick sakta uppleva hur respektlöst det kan vara att vara anhörig. När jag följde med Åsa till dietisten en gång, så tittade dietisten på mig och Åsa och undrade om hon fick mat. Jag kände mig urusel och fick sitta där och försvara mig själv och Åsa. Jag försökte förklara att hon får mat varje dag, men har svårt att tå upp maten till munnen och äta. Att hon behöver tid och anpassning. Sen har Åsa haft många fler dietister. Den senaste är den som varit bäst. Hon ringer, följer upp och kommer med idéer.

Sen har jag mött flera som har jobbat inom LSS, lärare, när Åsa bodde på en gruppbostad, när hon var på en Daglig verksamhet, special pedagoger. Jag har träffat handläggare och andra myndigheter. Det är som att vara heltidsanställd vissa perioder, men utan betalt. Jag älskar min familj och vi har väldigt roligt tillsammans. Det värsta är hur man som anhörig kan bli bemött av viss personal och av vissa myndigheter. Vi anhöriga blir sällan betrodda och får kämpa hårt. Vi ska bevisa hur saker och ting ser ut och allt ska utredas. Så finns det fantastiskt förstående personer både inom personal och pedagogiska verksamheter. Men i stort så är min erfarenhet att samarbetet mellan anhöriga, personal och myndigheter har stora brister. Det behöver finnas en respekt åt alla håll. Annars kommer det aldrig bli bra för de personer som är beroende av oss för att få ett bra liv.

5: Hur ser ditt/ din närståendes liv ut idag? Inte så bra. Hon har tappat förmågor.

Vilken boendeform? Väntar på att få en egen lägenhet.

Skola? Nej

Arbete? Nej

Daglig verksamhet/ Daglig sysselsättning? Nej, väntar på att få insatser, som ger tid och stöd att få komma iväg till en daglig verksamhet.

Ensamstående/ gift? Ensamstående

Barn? Nej

Vilka insatser är beviljade? Ledsagare/ kontaktperson med totalt ungefär fyra träffar/ månad.

6: Hur skulle du vilja att ditt/ din närståendes liv skulle se ut om du får välja själv?

Jag skulle önska att Åsa fick välja sin personal själv, så som vi andra har möjlighet att välja vilka vi vill umgås med. Det är svårt för många personer med Autism att ta till sig vissa personer och förhållningssättet är avgörande om det kommer fungera för dem. Så är det för Åsa. Det är helt avgörande för henne för att hon ska kunna tillgodose sig hjälp, att det kommer personer som hon kan vara trygg och avspänd med.

Jag önskar att Åsa ska få en egen lägenhet och att hon kan ha en person med sig under hela dagen, så hon får komma ut på det hon själv önskar och att hon får den hjälp hon behöver och även inspiration och stöd att kunna träna på att göra vissa saker själv. Så har det inte varit än så länge.

7: Övrig frågeställning, som jag önskar skriva om:

Jag hoppas att de myndighetspersoner och politiker som har ansvar och tar beslut i LSS och SOL frågor, själva har erfarenhet inom området. Det tror jag är en förutsättning för att det ska bli bra för alla berörda individer och för samhället i stort, att beslutsfattare vet och förstår vad som är viktigt för de här personerna och vet vilka konsekvenser det blir av de beslut som de tar. Till nu, så har jag inte vid flera tillfällen sett den förståelsen och då blir det inte heller rätt och bra för alltför många personer.

8: Avslutningsvis, får du gärna beskriva din erfarenhet av att vara anhörig på gott och ont. Exempelvis känslor, så som glädje, sorg, fått respekt?, lärorikt, ovisshet om vad som ska hända. Ja, det du själv har upplevt.

Här finns mycket att skriva.

Det har varit lärorikt, roligt, svårt, hårt att komma in och leva med en familj där det bor en person som har en funktionsnedsättning. Det roliga är allt skratt och roligt vi har tillsammans i familjen. Om man inte har humor och skratt, så orkar man inte. Det har varit ett av våra styrkor. Skoja, skämta, skratta. Men när omständigheterna inte fungerar, när vi och personen själv inte blir förstådda, när insatser dras in eller inte överhuvudtaget beviljas, så är det svårt. Mycket svårt. Det är tungt att se när Åsa är deprimerad, har haft självskada, längtar efter att få ett bra liv som alla andra, men inte får det. För myndigheterna tycker något annat. Det är inte ok. Vi är arga ibland, men visar aldrig Åsa det. Vi är trötta ibland. Det är fruktansvärt att se min fru som håller på att gå på knäna och måste klara allt. Jobba på sitt vanliga jobb, sköta alla kontakter kring Åsa, överklaga beslut, hålla god min och hjälpa Åsa varje dag. Allt gör hon utan betalt. Hon har dessutom tvingats arbeta deltid i många år, så hennes pension kommer bli svår att klara sig på. Myndigheterna är rädda för att vi anhöriga ska utnyttja och tjäna pengar på våra närstående. När det är tvärtom. Vi betalar skatt, vi arbetar gratis, på grund av att myndigheterna inte vill ge de rätta insatserna. Hårda ord, men sanna ord. Det är tråkigt att berätta om det. Det hade varit mycket roligare att säga allt som är bra, som varit bra. Men samhället blir istället hårdare och hårdare. Bara för att några få personer tidigare har utnyttjat samhällets insatser, så ska många fler sedan få lida för det och bli misstrodda. Inte ens läkare intyg som vittnar om vad personen behöver räcker för att få rätt insatser. Jag är arg. Tyvärr tar det kraft och den behöver jag för att hjälpa min familj som jag älskar och kämpar för, så vi alla ska få det bra. Att Åsa ska få det bra och vi anhöriga ska få lite frihet. Vi alla har rätten att få må bra.

Anhörig 3:

Personinformation:

Namn: Alexandra

Ålder: 22

Kvinna/ man: Kvinna

Yrke/ Studerar: Arbetar som arbetsledare på ett Café

Bor i Kommun/ Stad: Stockholm Söderort

Är du en anhörig(till någon som tillhör LSS)?: Ja anhörig, till min bror.

Har du själv beviljade insatser inom LSS eller SOL?: Nej

Vilken funktionsnedsättning/ diagnos har du/ din närstående? Min bror har Autism, Adhd och låg intellektuell funktionsnedsättning.

1: Vad är din bästa erfarenhet av LSS eller SOL? Det kan handla om ett beslut, en insats, en person som gett dig/ din närstående stöd eller annat.

Att jag själv arbetat inom området och fått bra kontakt med många som haft svårigheter. Även att min bror har haft många bra kontaktpersoner i sitt liv.

2: Vad är din sämsta erfarenhet av LSS eller SOL? Det kan handla om ett beslut, en insats, en person som gett dig/ din närstående stöd eller annat.

Att min bror inte fått rätt hjälp och förutsättningar. Han har även fått insatser borttagna, bland annat sina kontaktpersoner. Folk som har vart nära honom i flera år.

3: Tycker du att du/ din närstående har fått de insatser, som du/ din närstående är i behov av? Tillräckligt många timmar? Rätt stöd/ hjälp? Rätt bemötande av personal? Vad är du nöjd med? Vad är du missnöjd med?

Nej min bror har inte fått det han behöver, då han ständigt behöver ha någon i sin närhet som hjälper honom med att äta, duscha med mera. Istället har det belastat mina föräldrar som behövt ta ansvaret. Det har även tagit mycket energi ifrån dem så att dem inte klarar att arbeta lika mycket längre. Han har inte heller blivit bemött på rätt sätt av personal som inte förstått sig på honom. Han behöver någon som förstår honom. Han är lätt att förstå sig på, om man lyssnar på och lär känna honom.

4: Hur tycker du att samverkan fungerar med/ mellan dig/ närstående, boende, daglig verksamhet, vårdkontakter, handläggare och övriga myndighetskontakter? Vad fungerar bra? Vad fungerar mindre bra? Hur önskar du att det ska vara?

Jag har själv ingen kontakt med handläggare och myndigheter, men står som kontaktperson, vid behov. Om det skulle hända våra föräldrar någonting.

5: Hur ser ditt/ din närståendes liv ut idag?

Vilken boendeform? Han var tvungen att flytta till barndomshemmet, eftersom det inte fungerade på det boende han bodde på.

Skola? Nej

Arbete? Nej

Daglig verksamhet/ Daglig sysselsättning? Nej, väntar på att få insatser och förutsättningar för att börja på en verksamhet.

Ensamstående/ gift? Ensamstående

Barn? Nej

Vilka insatser är beviljade? Endast 8 timmar ledsagning/ månad och 2 tillfällen x 2 timmar/ månad. Det vill säga 12 timmar/ månad. Hans behöver hjälp och stöd dygnet runt, om han ska må bra och få leva ett bra liv.

6: Hur skulle du vilja att ditt/ din närståendes liv skulle se ut om du får välja själv? Jag hade önskat att min bror fick rätt stöd och hjälp i vardagen. Att han skulle få leva som ”Alla andra” fast på hans sätt. Att han kunde få personlig assistans beviljat så att han hade klarat att bo i en egen lägenhet.

7: Övrig frågeställning, som jag önskar skriva om:

8: Avslutningsvis, får du gärna beskriva din erfarenhet av att vara anhörig på gott och ont. Exempelvis känslor, så som glädje, sorg, fått respekt?, lärorikt, ovisshet om vad som ska hända. Ja, det du själv har upplevt.

Min erfarenhet av att ha en bror med autism har varit väldigt blandat känslomässigt. Vi har alltid haft en nära relation och jag tror jag förstår honom bättre än många andra.

När vi var små var det jobbigt när folk kollade för mycket på honom, det kunde vara lite pinsamt, eftersom han hade ett speciellt sätt att klä sig på. Även om jag aldrig brydde mig om hur han såg ut så hatade jag att andra gjorde det. Dem förstod inte.

Jag har alltid skyddat honom om någon vart elakt, det ligger i min natur på ett sätt. Även om han är äldre än mig, så har jag alltid känt mig som en storasyster.

När han var liten hjälpte jag honom att laga mat och borsta hans tänder.

Vi har alltid kunnat prata om allting och det är fint att han känner ett förtroende för mig, att kunna berätta saker han inte vill berätta för andra. Det har också gjort mig ledsen när han sagt att han önskade att han kunde leva som jag gör med massa vänner och hitta på roliga saker. Ännu ondare gör det att han skulle kunna gjort det med rätt stöd och hjälp.

Min bror lär mig i alla fall hur man ändå kan vara glad fast livet är jobbigt ibland. Han lyser upp när jag hälsar på fast att han haft en dålig dag. Han lär mig även andra roliga saker allmänt, då han är smart. Vi har haft en otroligt fin uppväxt tillsammans och jag älskar honom väldigt mycket.

Anhörig 4:

Personinformation:

Namn: Olav

Ålder: 59

Kvinna/ man: man

Yrke/ Studerar: arbetar som hantverkare

Bor i Kommun/ Stad: Stockholm

Är du en anhörig(till någon som tillhör LSS)?: Anhörig

Har du själv beviljade insatser inom LSS eller SOL?: Nej

Vilken funktionsnedsättning/ diagnos har du/ din närstående? Adhd/ Svår intellektuell funktionsnedsättning/ Autism

1: Vad är din bästa erfarenhet av LSS eller SOL?

Det kan handla om ett beslut, en insats, en person som gett dig/ din närstående stöd eller annat.

När personalen på Daglig verksamhet arbetar för ett gott samarbete och är öppna för de tips och råd som vi har lämnat kring vår dotter.

2: Vad är din sämsta erfarenhet av LSS eller SOL?

Det kan handla om ett beslut, en insats, en person som gett dig/ din närstående stöd eller annat.

Vår sämsta erfarenhet är de gånger då handläggare eller andra myndigheter inte tar oss på allvar och inser vilka insatser som vår dotter är i behov av. Hon är på nivå 5 och är i behov av dagligt stöd och även stöd under natten.

3: Tycker du att du/ din närstående har fått de insatser, som du/ din närstående är i behov av? Tillräckligt många timmar? Rätt stöd/ hjälp? Rätt bemötande av personal?

Vad är du nöjd med? Vad är du missnöjd med?

Tidigare vid tillfälle, så fick vår dotter de insatser som hon är i behov av, men de sista åren, så har de dragit in och försvårat att få rätt insatser, det vill säga rätt stöd och hjälp. Vi ropar på hjälp till myndigheterna, men de hör inte. Vi ber även daglig verksamhet att kontakta handläggarna och intyga de behov som vår dotter har. Hon behöver ha en person som hjälper henne dygnet runt. Vi kan inte jobba själva och vi får ingen ersättning för att vi tar hand om vår dotter. Vi är i behov av dubbelt så många timmars hjälp som vi har nu. Vår dotter skulle behöva personlig assistans, men vi har förstått att det är svårt att få beviljat nu för tiden.

4: Hur tycker du att samverkan fungerar med/ mellan dig/ närstående, boende, daglig verksamhet, vårdkontakter,

handläggare och övriga myndighetskontakter? Vad fungerar bra? Vad fungerar mindre bra? Hur önskar du att det ska vara?

Samarbetet har fungerat bra med skola och med dagverksamhet. De har lyssnat och arbetat hårt för att dottern ska få bra dagar och de har pratat med handläggare för att visa på hur stort stöd som dottern är i behov av.

Trots det så har myndigheterna har inte lyssnat på samma sätt och det är en kamp att få dem att förstå allvaret i hur mycket hjälp vår dotter behöver. Och hur känslig hon är för bemötande av olika människor. Hon låser sig lätt och har fixeringar och tvång kring olika situationer och kan även låsa personalen eller oss anhöriga, så vi inte kan lämna rummet på flera timmar. Personalen och även vi behöver hitta fungerande metoder och arbetssätt och kunna samarbeta med varandra och även ta tips och råd från varandra.

Handläggarna har också svårt att förstå varför det inte gick bra på det gruppboende som hon bodde på under en period. Vi upplever att de inte ser och förstår hur verkligheten ser ut och dem brister som tyvärr finns inom en del verksamheter. Det är ibland svårt att hitta rätt boendeform, personalstyrka osv. och då är det viktigt att handläggare och myndigheter förstår att det kan vara så och inte skuldbelägger individen själv eller anhöriga. Jag hade önskat en ökad förståelse och ett större flexibelt tänkande hos myndigheter.

5: Hur ser ditt/ din närståendes liv ut idag?

Vilken boendeform? Bor hemma hos föräldrarna igen

Skola? Nej

Arbete? Nej

Daglig verksamhet/ Daglig sysselsättning? Ja, daglig verksamhet/ sinnesstimulans

Ensamstående/ gift? Ensamstående

Barn? Nej

Vilka insatser är beviljade? Ledsagare med 4 tim./ vecka. Daglig verksamhet full tid/ 30 tim./ vecka.

6: Hur skulle du vilja att ditt/ din närståendes liv skulle se ut om du får välja själv?

Jag skulle önska att min dotter får en egen lägenhet av kommunen och får personlig assistans beviljat. Det hade hjälpt vår dotter att få ett bra liv och vi hade kunnat släppa taget.

7: Övrig frågeställning, som jag önskar skriva om:

Jag önskar att min dotter och vi anhöriga ska få ha ett större inflytande över vilka insatser som hon ska få. Jag önskar samma sak för alla andra som tillhör LSS och SOL.

8: Avslutningsvis, får du gärna beskriva din erfarenhet av att vara anhörig på gott och ont. Exempelvis känslor, så som glädje, sorg, fått respekt?, lärorikt, ovisshet om vad som ska hända. Ja, det du själv har upplevt.

Som vi nämnt, så känner vi att vi inte alltid blivit betrodda av vissa myndigheter och inte fått respekt, när vi berättat om de svårigheter som vår dotter har. Vi berättar en sak och de tar beslut utifrån ett helt annat underlag.

Vi älskar vår dotter, men det är svårt att räcka till. Det går många timmar varje dag för att hjälpa henne och se till att hon får bra dagar. Vi har två barn till. De har inte någon funktionsnedsättning. De hamnar mycket åt sidan. Syskonen tycker det är jobbigt när de har kompisar hemma och tycker det är pinsamt med syrran. Därför får vi ofta dela upp oss därhemma Vi har till och med fått dela upp huset som vi bor i. Vi har fått göra olika ingångar, på över och undervåningen. Annars får syskonen ingen lugn och ro. Vi föräldrar försöker räcka till för alla, men det är svårt. Vi har också många fina stunder tillsammans allihop.

Vi har möjligheten att åka till vårt landställe och där kan vi tillbringa tid tillsammans, men oftast delar vi upp oss och åker bara halva familjen. Då kan vi mysa och se film och äta gott. Vi kan inte resa på semester alla tillsamman. Vi försöker hela tiden planera vardag och ledighet och göra det bra för alla i familjen.

Anhörig 5:

Namn: Nora

Ålder: 48

Kvinna/ man: kvinna

Yrke/ Studerar: Arbetar på gruppbostad

Bor i Kommun/ Stad: Småland

Är du en anhörig(till någon som tillhör LSS)?: Jag är en anhörig som tar hand om min vuxna bror som tillhör LSS. Han bor hos mig.

Har du själv beviljade insatser inom LSS eller SOL?: Nej

Vilken funktionsnedsättning/ diagnos har du/ din närstående? Han är inom Autismspektrat. Han saknar tal. Han har en svår intellektuell funktionsnedsättning.

1: Vad är din bästa erfarenhet av LSS eller SOL?

Det kan handla om ett beslut, en insats, en person som gett dig/ din närstående stöd eller annat.

Det bästa med LSS är att det finns en del personer som verkligen bryr sig om andra som har funktionshinder och försöker göra det bra för dem. Jag har träffat flera i jobbet och även personer som jobbat med min bror.

2: Vad är din sämsta erfarenhet av LSS eller SOL?

Det kan handla om ett beslut, en insats, en person som gett dig/ din närstående stöd eller annat.

Det sämsta är tyvärr att inte alla handläggare och myndigheter lyssnar. Det har blivit svårt att få rätt hjälp till personer som är i behov av LSS. Det har jag märkt. Ibland får jag höra att jag tjänar pengar på min bror. Jag får då förklara att jag inte få en krona för att jag hjälper honom. Jag måste jobba på mitt jobb för att få inkomst. Jag har också egna barn att försörja.

3: Tycker du att du/ din närstående har fått de insatser, som du/ din närstående är i behov av? Tillräckligt många timmar? Rätt stöd/ hjälp? Rätt bemötande av personal?

Vad är du nöjd med? Vad är du missnöjd med?

Tyvärr får inte min bror de insatser som han behöver. Våra föräldrar kan inte ta hand om honom. De har erbjudit gruppboende, men jag har inte kunnat tacka ja. Det är svårt. Min bror har svårt att uttrycka sig och göra sig förstådd. Man behöver mycket personkännedom om honom, för att ge rätt hjälp. Jag jobbar själv på ett boende och vet hur svårt det kan vara att få rätt hjälp. Min bror passar inte in på ett gruppboende och på ett service boende skulle han inte heller kunna bo. Då måste han klara av att göra mycket själv. Det kan han inte. Han klarar inte att sätta fokus på någonting. Nästan aldrig. Han är nivå 5 och behöver två personer med sig hela dagen. Handläggarna tycker han är nivå 4 och har satt den nivån på honom.

4: Hur tycker du att samverkan fungerar med/ mellan dig/ närstående, boende, daglig verksamhet, vårdkontakter,

handläggare och övriga myndighetskontakter? Vad fungerar bra? Vad fungerar mindre bra? Hur önskar du att det ska vara?

Jag tycker samverkan fungerar bra ibland. Men jag har blivit missförstådd ibland. Det är jobbigt. Personalen på daglig verksamhet försöker påverka mig, så att min bror ska flytta till en gruppbostad. Det är svårt, eftersom han verkligen behöver ha förstående personer och mycket hjälp hela tiden. Han är mycket orolig. Vissa saker som inte fungerar på daglig verksamhet kan fungera hemma och ibland är det tvärtom. Det är svårt att få personalen och handläggare att förstå att en person kan klara vissa saker en dag och ingenting alls en annan dag. Att dagsformen spelar in och även miljön vissa dagar. Min bror får också olika mediciner som kan påverka honom mer eller mindre under olika perioder. Det är svårt att få rätt mediciner, så de fungerar bra. Vi har mycket kontakt med läkare.

5: Hur ser ditt/ din närståendes liv ut idag?

Vilken boendeform? Han bor med mig och mina två barn.

Skola? Nej

Arbete? nej

Daglig verksamhet/ Daglig sysselsättning? Ja. Han går på daglig verksamhet några dagar i veckan. Tiden har varierat mellan 4-8 timmar/ dag, beroende på hur mina arbetsdagar sett ut.

Ensamstående/ gift? Ensamstående

Barn? Nej

Vilka insatser är beviljade? Han har beviljat hemtjänst några timmar varje dag

6: Hur skulle du vilja att ditt/ din närståendes liv skulle se ut om du får välja själv?

Jag skulle önska att han fick en personlig assistent, som kunde hjälpa honom igenom hela dagarna och gå ut på promenader och anpassa dagarna efter dagsform. Att han får en egen lägenhet och sitt eget vuxna liv. Även kunna fortsätta på daglig verksamhet ett par dagar i veckan.

7: Övrig frågeställning, som jag önskar skriva om:

8: Avslutningsvis, får du gärna beskriva din erfarenhet av att vara anhörig på gott och ont. Exempelvis känslor, så som glädje, sorg, fått respekt?, lärorikt, ovisshet om vad som ska hända. Ja, det du själv har upplevt.

Jag upplever det mycket tufft, när jag inte blir betrodd av myndigheter. Det är jobbigt nog att se sin närstående må dåligt och inte få rätt insatser beviljade. De dagar som min bror inte mår bra, är psykiskt jobbiga även för mig och mina barn. De dagar som han mår bra, så mår vi alla bra. Vi påverkas mycket av hans dagsform.

Jag som anhörig och mina barn behöver ibland få göra saker på egen hand, men det är svårt att hitta tid och orka räcka till för det. Ibland, men sällan åker vi iväg under en dag för att göra något roligt på egen hand.

Anhörig 6:

Namn: Kajsa Andersson

Ålder: 49 år.

Kvinna/ man: Kvinna

Yrke/ Studerar: Frisör

Bor i Kommun/ Stad: Stockholm

Är du en anhörig (till någon som tillhör LSS)? Ja, till min bror Kalle, som är 53år, som arbetar på affär och ett annat ställe, är något som myndigheter ordnat åt honom. Han bor i norrort.

eller

Har du själv beviljade insatser inom LSS eller SOL? Nej.

Vilken funktionsnedsättning/ diagnos har du/ din närstående? Kalle har en lindirig intellektuell funktionsnedsättning.

Lite frågor att besvara. Du väljer själv vilka frågor du vill svara på. Inget är rätt eller fel. Du får skriva om din erfarenhet.

1: Vad är din bästa erfarenhet av LSS eller SOL?

Det kan handla om ett beslut, en insats, en person som gett dig/ din närstående stöd eller annat.

2: Vad är din sämsta erfarenhet av LSS eller SOL?

Det kan handla om ett beslut, en insats, en person som gett dig/ din närstående stöd eller annat.

3: Tycker du att du/ din närstående har fått de insatser som du/ din närstående är i behov av? Tillräckligt många timmar? Rätt stöd/ hjälp? Rätt bemötande av personal?

Vad är du nöjd med? Vad är du missnöjd med?

4: Hur tycker du att samverkan fungerar med/ mellan dig/ närstående, boende, daglig verksamhet, vårdkontakter, handläggare och övriga myndighetskontakter? Vad fungerar bra? Vad fungerar mindre bra? Hur önskar du att det ska vara?

Fråga 1-4 har jag svårt att svara på, men det finns delvis svar med i texten längre ner.

5: Hur ser ditt/ din närståendes liv ut idag?

Vilken boendeform? Bor själv i egen lägenhet

Skola?

Arbete? Kalle arbetar på affär och ett ställe till, som kommunen ordnat

Daglig verksamhet/ Daglig sysselsättning?

Ensamstående/ gift? Ensamstående

Barn? Nej

Vilka insatser är beviljade? Kalle har kontaktperson och god man

6: Hur skulle du vilja att ditt/ din närståendes liv skulle se ut om du får välja själv?

Om jag själv fick välja, jag pratade med Kalle i somras om att vilja flytta ut på landet i en liten stuga helst med egen brygga för att kunna bada ifred. Kalle älskar att bada ute på sommaren. Kalle sa att han ville det också men han har inte råd. Kalle tycker om att vara för sig själv, han bor ensam och tillbringar mycket tid själv. Men han tycker om sällskap också. Han har inte så många vänner utan det är mest kontaktpersonen Tim som han träffar i vardagen. Tim är mycket trevlig och jag och Pelle har träffat honom flera gånger när Kalle fyllt år och vid andra tillfällen. Jag och Pelle hälsar på Kalle ibland och ibland kommer han till oss. Så slutsatsen är att Kalle uttryckte att han ville bo på landet vid en sjö/havet nära. Han vill ha fler vänner att göra saker med. Han brukar ha en vän som kommer och hälsar på när vi är där som heter Dennis. Annars har han en till vän han känt länge som jag inte har träffat. För många år sen så var det några där han kände som också hade nedsatt funktionsnedsättning, intellektuellt. De var inte så snälla mot Kalle. Tror inte han umgås med dem längre. Kalle är väldigt snäll och har blivit utnyttjad många gånger på grund av det.

7: Övrig frågeställning, som jag önskar skriva om:

Ingen frågeställning men vill tillägga att Kalle har en lindrig intellektuell funktionsnedsättning. Han vet om att han har det och han skulle så gärna vilja vara som andra. Känns som han lider en hel del av det. Han påpekar gärna att han klarar saker själv och vill inte ha hjälp i onödan. Om någon försöker hjälpa honom när han kan själv så blir han arg och ledsen. Ett exempel: En gång när Kalle fyllde år så var jag, Pelle, mamma, Oskar och Tim i hans lägenhet för att fira honom. Helt plötsligt när vi sitter och fikar säger Kalle att när han och Tim hade varit och handlat, så hade Tim haft kundvagnen. Kalle säger att han klarar att köra kundvagnen och Kalle hade upplevt som att Tim gjorde det för att Kalle inte klarade av det. Blev jobbig stämning då Tim visste att Kalle klarade det och skulle aldrig göra något åt Kalle som kalle klarar av själv. Tim har lite svårt att gå så han tyckte om att stötta sig mot kundvagnen. Men detta hade Kalle gått och burit på. Men saken reddes upp i alla fall.

Kalle gillar inte när någon tjatar på honom. Han uttryckte i somras att mamma och Oscar tjatar mycket på honom och att han bara står ut med att hälsa på dem en vecka som högst på sommaren. Han brukar vara där vid jul och påsk också innan pandemin. I påskas var han hos oss. Frågade om han ville komma till julen men vi har ju ingen TV, Att titta på Kalle anka är viktigt för Kalle.

8: Avslutningsvis, får du gärna beskriva din erfarenhet av att vara anhörig på gott och ont. Exempelvis känslor, så som glädje, sorg, fått respekt, lärorikt, ovisshet om vad som ska hända. Ja, det du själv har upplevt.

Har alltid stått min bror nära, speciellt när vi var barn. Kalle har ju svårt med talet och jag tycker det blir svårare att förstå honom ju äldre han blir. Var lättare när han var yngre, då gick han till en logoped. När vi hälsade på hos Kalle för några år sedan, så ordnade jag så att han skulle få komma till en logoped igen. Jag hade fått Tim att följa med. Kalle missuppfattade besöket och trodde att det var ett möte med myndigheterna för att de skulle ta hans lägenhet ifrån honom (vet ej var han fick det ifrån). Tror att när Kalle var yngre så hände det en del jobbiga saker med honom som var orsakat av myndigheterna. När han växte upp bodde han på en internatskola och åkte till pappa på helgerna. Tror att det var så att när Kalle blev myndig så ville myndigheterna sätta honom på ett boende men Kalle ville inte. Kalle vill bo i lägenhet själv och han klarar av det. Han kan laga mat städa och tvätta själv. Det är bara räkningarna som han inte klarar av och har en god man till det. Kalle har hög integritet och vill klara av saker själv. Han lagar mat och han har bjudit oss på mat vid flera tillfällen då vi kommit på besök. En gång sa han att jag inte skulle ta så mycket mat för att han skulle ha till matlåda dagen efter. Kalle är rolig, han är helt sig själv, han försöker inte vara rolig men fäller en del festliga kommentarer ibland. Vad som är jobbigt som anhörig är att han inte har fler vänner. Att prata i telefon med Kalle är en prövning då han knappt säger något, man får dra orden ur honom, speciellt om han ser något TV-program när jag ringer.

Kalle är rastlös och har svårt att sitta still, speciellt när han var yngre. Kommer ihåg när vi var barn och var på en badplats vid ett hopptorn som Kalle hoppa ifrån. Då var det några andra barn som retade Kalle, jag blev så arg och sa till dem. När jag berätta för mamma sa hon bara att sådana är människor. Mamma tycker också att det är jobbigt och jag vet att hon lider över att Kalle har ett handikapp, har aldrig kunnat prata med henne om det. Bara sett att hon är ledsen för det när jag försökte ta upp det en gång. Mamma har alltid sagt att det är en förlossningsskada. Men min pappa berätta om Kalle en gång att han varit normal när han föddes men slog i huvudet när han var några år gammal och därför blev som han blev. Jag vet inte vad jag ska tro, har inte vågat nämna detta för mamma. Är ju jobbigt för mig också och tänker på hurdan Kalle skulle ha varit utan denna funktionsnedsättning. Tror att kalle och jag skulle haft många gemensamma intressen och stått varandra nära.

Ibland blir jag ledsen när jag tänker på hur det kunde varit för Kalle och känner sorg över att Kalle har en funktionsnedsättning. Skulle vara så spännande och roligt att veta hurdan han varit och vad han jobbat med om han inte haft det. Kalle har alltid varit tekniskt intresserad och bra på sånt när han var yngre. Han förstod sig på videon när inte pappa gjorde det har pappa berättat. Blir ledsen över att folk varit elaka och utnyttjat Kalle och kanske gör det fortfarande. Jag vet inte, han är sluten och berättar inte sånt. Saker kan komma fram senare. En gång blev Kalle lurad på pengar, några lånade pengar och lämnade aldrig tillbaka dem.

Jag kan känna sorgen över ett liv (Kalles liv) som inte blev vad det kunnat bli. Han har fått utstå mycket. Pappa berättade att i N.. där pappa bodde var det några yngre tjejer som kallade Kalle för dubbelnollan. Detta var många år sen då Kalle var i tjugoårsåldern tror jag. Kalle lider av att inte vara som andra, han har ju en lindrig intellektuell funktionsnedsättning och han vill så gärna vara som andra. Han identifierar sig inte med de som har mer grav funktionsnedsättning. Tror han vill identifiera sig med de som inte har någon funktionsnedsättning alls. Känns som Kalle befinner sig i ett limbo mellan de som inte har någon funktionsnedsättning och de som har en större funktionsnedsättning än Kalle har. Ibland har jag tänkt att Kalle kanske skulle må bättre om han hade en större intellektuell funktionsnedsättning än han har- då skulle han inte lida så av sin funktionsnedsättning- inte vara medveten om den.

Skulle önska att Kalle var mer öppen och berätta om saker han råkat ut för. I somras öppnade han upp lite då han berätta om mamma och Oscar då han tyckte de var tjatiga.

Skulle önska att Kalle hade fler vänner. Han har en jättebra kontaktperson Tim som han tycker mycket om. Tim har någon gång uttryckt att Kalle är som en vän för honom. Kalle har ju oss också förstås.

Det var vår berättelse./ Kajsa

Anhörig 7:

Den här personen har några olika berättelser att berätta och börjar med en berättelse från sin arbetsplats och presenterar sig sedan som anhörig.

Berättelse 1 (anhörig 7)

Bussen

Jag som skriver är busschaufför och är anhörig till en person som har Autism och Adhd. Därför berör det mig alltid när jag hör och läser om vad en del personer får stå ut med.

Ja. jag tänker börja med att berätta om en händelse när jag körde **bussen** mellan Dalarna och Göteborg.

En ung kvinna kom upp på bussen och satte sig ungefär i mitten. Sedan kom det några vänner till henne som hon började prata med- Någon påminde om en händelse hon varit med om och frågade om hon fick skadestånd eller inte.

Då började hon berätta händelsen noggrant helt olagligt, hon har ju tystnadsplikt.

Kvinnan jobbade på någon form av gruppboende och hade varit hos en patient (tänk på att jag hörde hela konversationen från förarplatsen så det hördes i hela bussen.)

K- Jo, jag fick skadestånd sådär 8000 men det var ju mycket mindre än jag hoppats.

Vännen- Men vad gjorde den där killen egentligen?

K-Amen, det var ju så att jag skulle hjälpa honom att gå och lägga sig och så tog jag av honom pyjamasen och la den på byrån sådär som vi alltid brukar göra hos andra och han blev skit arg, han bara kom och flög på mig och slog mig flera gånger.

V- Varför det?

K- Jo men asså. Han hade fått för sig att jag hade förpestat byrån.

V- brukar han slå dig sådär?

K- Nej han har aldrig slagits förut vad jag vet, inte mig i alla fall.

V- Hade ingen sagt åt dig att han kunde slåss och att han inte ville ha kläderna på byrån?

K- Nej, chefen borde ju ha talat om det men det hade chefen inte sagt till mig i alla fall.

V- Vad har hänt med honom nu då, killen?

K- Inte vet jag. Han försvann därifrån

V-Vart då?

K- Ingen aning, men jag bryr míg faktiskt inte alls.

V – Skönt du fick någon ersättning i alla fall.

K- A, visst men nu ska jag av- Hejdå, vi ses!

V – Ses

Berättelse 2 (anhörig 7)

Här presenterar anhörig 7, sig själv, familjen och sin situation.:

Katarina/ Katta och Ola Hansson

Föräldrar till ung vuxen, som har diagnos inom Autismspektrat.

Bor i Dalsland.

Katta har varit hemma med barnen pga funktionsnedsättningar, nu chaufför - och Fd långvård och butik. Katta är 48 år.

Ola har jobbat på förlag, försäljning och nu omvårdnad inom LSS.

Ola är 50 år.

Sonen har Autism och en felaktig ADHD diagnos och är född 1996.

1 Sonen hade en kommunal kompis när vi var i Uppland och han var mellanstadiebarn. Det var en fin tid. Sonen längtade

efter att han skulle komma men det blev tråkigt när han slutade efter ett par år.

2 När vi flyttade sökte vi återigen efter en kommunal kompis men de kunde inte ordna någon. Vi sökte avlastning i ett hem på landet som inte rökte och drack alkohol och hade en kristen etik, men de kunde inte ordna en plats.

Men den hemskaste perioden kom när han hade blivit avtvingad sin plats på gymnasiet pga att rektorn inte hittade en ledsagare, vilket förstås inte var den orsaken han skrev utan han skyllde på att sonen skulle skolkat fast den egentliga orsaken var att rektorn inte lät honom gå till skolan utan ledsagare och assistent.

Den tidigare assistenten blev avskedad när rektorn kom på honom med att han skolkat från jobbet och skrivit skolkat på sonen som ville gå i skolan, endast för att ha en orsak att få vara ledig själv. Då ordnade inte kommunen en ny ledsagare åt sonen. Rektorn ingen ny assistent vilket hade varit samma person innan och jag fick inte vara med så länge fast jag hade tid.?

Sonen sökte då till Hammarström och kom in. Han fick stöd av utbildningsförbundet i kommunen, men sedan bollades han mellan sol och LLS så han fick inget boende och tvingades söka studentlya. Sedan sökte vi en boendestödjare men han fick bara 20 timmar i månaden vilket var mycket mindre än han behövde. Dessutom tog processen tid.

Innan dess dock så visste LSS att han kommit in på skolan men tog socialen med sig och ordnade en lägenhet på ett gruppboende i Bergdalen. 2 ½ timma från Hammarström under våren och om vi vägrade acceptera den så hotade Margareta på Socialen att ta småsystrarna från oss. Sedan kämpade vi hela sommaren med att försöka få dem att fatta att han måste bo i närheten av skolan och oss. De hävdade envist att de inte hade en aning om Hammarström trots att Inga på LSS och den gymnasieplaceringsansvariga hade haft ett möte med oss i Mars/April angående Hammarström. Då hon från Gymnasieenheten t o m fick peka i broschyren för att få Inga att titta vad det stod.

Att sedan få reda på att en händelse ägt rum då han var i Bergdalen, att en personal ideligen öppnat dörren till köket som har en altandörr, som då alltid var öppen trots att där fanns ett getingbo utanför, vilket gjorde att getingarna flög in i köket och gemensamhetslokalen, så de hade kommit överens om att ha dörren stängd till köket eftersom min son, men även andra var rädda för getingarna(Min son var väldigt rädd sedan han en gång blev stungen), det var hemskt.

Den dagen började med att han som vanligt knallade ned med de andra till aktiviteten. Efter ungefär 40 minuter där började det lukta illa. Min son upptäckte att en personal stod med dörren öppen och samtalade med någon i korridoren och det luktade. Vi har inte fått reda på vad, men eftersom det var augusti var det lätt att tänka att det var surstömmingsfest hos pensionärerna. Min son är väldigt känslig mot alla möjliga starka dofter. Han sa till flera gånger men hon stängde inte och till sist gick han därifrån tillbaka till gruppboendet. Där möts han av Rita, en personal som öppnar dörren för honom. Hon hade stått innanför dörren och sett honom komma. Han ser att dörren till köket är öppen och stänger den, de går och sätter sig i tv soffan och tittar på tv. Sedan gör hon något i köket och han går och stänger dörren efter henne. Sedan går han upp till sig för att ta sig knäckebröd. Han har blivit förbjuden att äta där eftersom hans matlåda var nere på dagverksamheten.

Han äter men diskar inte undan utan går ner till gruppens gemensamma område. Där är dörren återigen öppen till köket och getingen är där. Dörren står öppen till altan och Rita är i vardagsrummet. Hon kommer till honom i hallen och öppnar dörren till köket, lämnar den öppen och börjar dricka vatten.

Detta var droppen. Nu orkade inte Pär Olav mer utan kroppen kom i meltdownläge.

Orden var slut. Tålamodet var slut. Getingen eller flera var i köket med Rita. Dörren var öppen ut på altan. Det var varmt som de flesta dagarna denna sommar. Han ser brandlådan på väggen. Rycker loss den och börjar förtvivlat slå Rita. Hon är ju dum i skallen och fattar ingenting- enligt den förtvivlade Pär Olav. Självklart ska man inte släppa in getingar. De kan ju stingas och tänk om någon är allergisk.

Då skriker Rita på de andra. Någon ringer polisen. Han slutar slå. Adrenalin och kraft har gått ur. Rita repar sig och fortsätter arbeta. Dagen efter går hon till någon läkare som fotograferar blåmärkena. Hon säger att han dragit hår av henne, vilket han inte kom ihåg. Det visar hon läkaren. Sedan åker hon till arbetet som vanligt.

Här finns tveksamheter. Hon sa aldrig till rätten att det fanns en öppen altandörr eller inte ens en annan dörr på köket varigenom hon hade kunnat fly när hon såg honom komma emot henne. Hon var inte så skadad att hon inte kunde arbeta. Hon gick till läkaren först nästa dag: vad hade hänt på kvällen hemma? Hade någon annan dragit en hårtofs av henne? Orsakat henne fler blåmärken?

Hon fick inget ut på försäkringen för den som används av kommunen kräver att man är oförmögen att kunna arbeta från stunden och ytterligare 3 dygn. Man måste också ha besökt läkare direkt efter anfallet av kund.

Lämpligheten med att ha Rita anställd är också mycket tveksam. Ska man arbeta med funktionsnedsatta så arbetar man för dem och respekterar deras önskningar och behov. Man utmanar inte deras rädslor och fobier utan stödjer och hjälper. Så kan man ju fråga sig varför hon var vid dörren när han kom in?

Chefen hävdade att de inte hade ringt och meddelat att han var på väg som de brukar nere på aktiviteten. Men det verkar som om Rita visste. Hade den som envist höll dörren öppen på aktiviteten ett avtal med Rita?

Skulle Rita nu få chansen att tjäna lite extra? Hon ville ha ca 35 000 av Pär Olav för plåster på såren. Tingsrätten sänkte det ned till 15000 men hovrätten sänkte det till 9600.

Jag vill tillägga:

Så kan man tänka att det vore enkelt att flytta, men gör man det så börjar ansökningsprocessen om och den kommun skolan ligger i brukar neka den skolan

Jag vill belysa detta med att man nekar ungdomarna gymnasium i o m att man nekar bostad där det ligger. I o m det gör man dem till aktivitetsstödmottagare och pension vid 30. Man spär på kvoten av autister som är alltid arbetslösa.

Berättelse 3 (anhörig 7):

Del 1:

Anhörig 7 berättar:

Min son blev dömd för att ha ”förföljt” någon. Han hade aldrig tidigare lagt märke till den personen som anklagade honom. De bodde i samma hus, handlade i samma butik, åkte samma buss och promenerade i samma park. Min son har grav Autism. Tänker intensiva tankar och har ett rörelseschema som är typiskt vid Autism. Vem tror på någon som har Autism, när det händer något?

En dag gick han ut med soporna i mitten av oktober. Det var kallt. Hon (som anklagat min son för att förfölja henne) gick ut och rökte och ställde sig i vägen för dörren. Han sa – Flytta dig. Hon sa – Varför då? Han svarade – För att jag bor där. Det är mitt hus lika mycket som ditt. Jag har rätt att gå in. Hon stod kvar.

Min son provade att ringa polisen. Men de ville inte komma. Han ville att polisen skulle komma och säga åt henne att flytta sig. Samtalet varade i 12 minuter. Polisen trodde honom inte, när han försökte berätta. Vid rättegången förnekas att samtalet ägt rum.

Eftersom inte polisen trodde honom och hon inte flyttade på sig, så klarade sonen inte att hantera situationen. Han fick en melt down. Orden var slut och han orkade inte längre. Han sprang fram och slog henne. Hon stod kvar trots att han sprang mot henne.. Hon hamnade på backen..

Rätten köpte hela hennes historia, medan de inte lyssnade på min sons berättelse. Min son har nu suttit på rättspsyk i 3 år. Vid varje prövning uttrycker läkaren – Den allvarliga psykiska störningen består. Min son har en diagnos: Grav Autism. De som är insatta, vet att autism inte går att bota.

Del 2:

Ok, ska fundera på hur det ska uttryckas. Hur jag som anhörig kan uttrycka mig och vår familjs känslor. Det är svårt att hålla inne ilska och vanmakt.

Det är bara ett enda stort hål och en besvikelse över det svenska samhället som inte har kommit längre vad gäller dessa funktionsnedsatta med annorlunda hjärnor som på grund av det inte rör sig eller tänker som Normala.

Att klumpa ihop funktionsnedsatta i Allvarlig psykisk störning är så sjukt. Det är den värsta kränkningen man kan tänka sig. Inte nog med att de får kämpa och kämpa för att få ett värdigt liv, så ska de också förlora rätten till LSS och bli instängda med psykiskt sjuka mördare. Psykopater och narcissister, schizofrena och allt vad där är. Min son blir utsatt för allehanda provoceringar av dessa på rättspsyk och när han beter sig autistiskt så blir han straffad.

Om det så är: för att tagit en genväg på promenaden eller: inte kan acceptera att psykologen tar hans pengar, köper godis och han ska få en godis när han enligt henne varit duktig. Det vill säga en belöning. Min son berättade att han gjort som hon sagt vid ett tillfälle, men hon var inte nöjd och han fick ingen godis. Vaddå, de är ju hans....?

Någon kallade honom något fult. Han svarade tillbaka utan att veta vad det betyder. Den förste skrek till personalen och min son hamnade i isoleringen. Isoleringen är den värsta typen av straff anser han. Han har suttit där i upp till 3 dygn i sträck utan något att göra. Om han ändå var ensam på sitt rum med tv vore väl ok. Men kal brits och tomt omkring honom är hemskt. Tänk att vi i Sverige behandlar människor värre än djur. När någon behöver kärlek, ömhet och förståelse och kanske att få vara ifred från idioter, så stänger vi in dem i en bur. Min son är enligt dem en treåring känslomässigt och utvecklingsmässigt. Så varsågod dagis, nu vet ni hur treåringar ska behandlas.

Att Allvarlig psykisk störning över huvud taget finns. Bara så kränkande. Finns en biologisk eller psykisk diagnos, så låt den vara baserad på läkarvetenskapen och inte på kränkande, mobbande och högfärdiga jurister. Deras bara juridiska term måste veck en gång för alla.

Ingen skulle få vara på rättspsyk längre än 10 år om det inte var en stormördare av något slag. Den tiden straffet skulle få i fängelse skulle vara maxtiden på rättspsyk, då skulle de arbeta med patienterna, nu är det bara förvaring. Detta är vad min son säger.

Autism är en biologiskt orsakad funktionsnedsättning inte en psykisk sjukdom, men de reagerar på det sättet vi behandlar dem och det kan framkalla en psykisk sjukdom.

Del 3:

Sonen har förvaltare.

Han anses inte kunna svara för sig själv rättsligt.

Läkaren frågade honom om han ska ha en företrädare på prövningen. Sonen tycker inte om prövningar. Han förstår dem inte och svarar därför nej. Läkaren går på det. Plötsligt har prövningen varit, utan att vi har fått kännedom om den.

Jag vill också berätta att min son har gått en högskoleförberedande linje. När han ville studera under tiden han varit på avdelningen, så köpte läkaren barnböcker åt honom. Jag brukar själv köpa tekniska tidningar om flygplan och bilar. Sådant som han är intresserad av. Han vet precis hur fort planen går och hur mycket bränsle som går åt. Han vet vilka stridshelikoptrar som ska användas till vad.

Författaren fick träffa anhörig 7 och prata med deras son på telefon. Det var med sorg i hjärtat. Ingen vet hur länge han ska sitta inne på rättspsyk, för det som hänt. För att inte omgivningen förstått hans svårigheter, känslighet och kunnat anpassa rätt åt honom. För att han inte fått förståelse och rätt insatser. Han har autism.

Under dessa två webblänkar nedan, kan man läsa olika inslag om ämnet rättspsyk för personer med intellektuell funktionsnedsättning.

Bengtsson, V (2021). 30-tal med intellektuell funktionsnedsättning avtjänar straff på rättspsyk.

https://hejaolika.se/artikel/30-tal-med-intellektuell-funktionsnedsattning-avtjanar-straff/ [2021-11-28]

Information ur en artikel på webbsidan ”Heja olika”. Artikeln är skriven av: Valter Bengtsson, i april -21, med rubriken:

> 30-tal med intellektuell funktionsnedsättning avtjänar straff på rättspsyk.

I artikeln visas ett citat av Morgan Johansson, Justitieminister:

> Döms för svåra brott, trots en mental nivå som små barn

Utifrån en rapport av Sveriges Radios Kaliber, så kan man läsa att det var cirka 30 personer med intellektuell funktionsnedsättning som avtjänade straff inom rättspsykiatrisk vård under 2020. Vidare, så uttalar sig rättspsykiatrikern Hanna Edberg till Kaliber:

> - Det är inte rätt åtgärder för en person med intellektuell funktionsnedsättning, det går inte att behandla bort det(Bengtsson, 2021).

Nordén, I (2021). KALIBER GRANSKAR: *Kritik mot att personer med utvecklingsstörning döms för brott.*

https://sverigesradio.se/artikel/30-tal-personer-med-svarare-utvecklingsstorning-i-rattspsykiatrin--2 [2021-11-28]

Kaliber(Nordén, 2021) skriver följande:

- Ett 30-tal personer med svårare intellektuell funktionsnedsättning avtjänade förra året straff inom den rättspsykiatriska vården efter ha dömts för brott, visar siffror som P1-programmet Kaliber tagit del av.
- Att personer med den här funktionsnedsättningen placeras i rättspsykiatrisk vård får kritik från flera håll.
- ”Det är ju någonstans inte rätt åtgärd”, säger rättspsykiatrikern Hanna Edberg.

- Den stora gruppen personer som dömts till rättspsykiatrisk vård, de har i allmänhet ganska svåra psykiska sjukdomar som schizofreni och bipolär sjukdom. Och det är i allmänhet personer som behöver medicinering under ganska lång tid och mycket stöd och hjälp. Det är ju någonstans inte rätt åtgärd för en person med intellektuell funktionsnedsättning, det går inte att behandla bort det, säger rättspsykiatrikern Hanna Edberg.

  Nationellt rättspsykiatriskt kvalitetsregister har tagit fram siffror till Kaliber som visar att det år 2020 fanns runt 30 personer med medelsvår intellektuell funktionsnedsättning som var inskrivna i rättspsykiatrin.

- Det syftar till att vara så brottspreventivt eller brottsförebyggande, att man ska försöka gå igenom vad var det egentligen som hände här innan den här personen kom in, vad var det som ledde fram till att där brottet begicks? Men det är klart att om du har en intellektuell funktionsnedsättning och framför allt och en måttlig intellektuell funktionsnedsättning, när du befinner dig som sagt på en sjuårings nivå kanske, då är det ju inte helt lätt att greppa, säger hon.

Kaliber har bett justitieminister Morgan Johansson att kommentera kritiken mot att personer med intellektuell funktionsnedsättning döms till rättspsykiatrisk vård. Men han svarar att han står fast vid ett tidigare svar som han skrivit till Kaliber: att det svenska systemet ger utrymme för att anpassa påföljden och i vissa situationer inte döma någon påföljd alls och att han i dagsläget inte ser något behov av att göra några förändringar på området.

6 – Lagar och några kloka ord om vikten av anhöriga.

Det finns en del lagar, som ska medverka till att den som har ett funktionshinder ska få ett bra liv. Här följer några lagar.

En lag är LSS – Lagen om Stöd och Service till vissa funktionshindrade.

LSS är en rättighetslag. Den som tillhör lagens personkrets har rätt att få beviljat en del av de insatser som ingår i lagen, utifrån sina behov och om personen inte får behoven tillgodosedda på annat sätt(Larsson och Larsson, 2019, s. 11).

1§ LSS, beskriver vilka personer som har rätt att få beviljade insatser utifrån lagen. Här anges de tre personkretsarna. För att få insatser enligt LSS, så behöver personen ingå i någon av dessa personkretsar.

Personkretsarna är:

1§ LSS: Denna lag innehåller bestämmelser om insatser för

särskilt stöd och särskild service åt personer

1 med utvecklingsstörning, autism eller autismliknande tillstånd.
2 med betydande och bestående begåvningsmässigt funktionshinder efter hjärnskada i vuxen ålder föranledd av yttre våld eller kroppslig sjukdom eller
3 med andra varaktiga fysiska eller psykiska funktionshinder som uppenbart inte beror på normalt åldrande, om de är stora och förorsakar betydande svårigheter i den dagliga livsföringen och därmed ett omfattande behov av stöd och service(Larsson och Larsson, 2019, s. 23).

I 6§ LSS, står att de verksamheter som arbetar med LSS som grund, ska samarbeta med de aktörer som är aktuella, så som myndigheter och andra samhällsorgan. De ska vara av en god kvalitet. Individens självbestämmande och integritet ska respekteras. Det ska alltid verksamheten ta hänsyn till. Individen ska få möjlighet till inflytande och medbestämmande över sina beviljade insatser, i den utsträckning det går. Verksamheten har ansvar att kontinuerligt vara vaksam över att kvaliteten utvecklas och är säkrad. Verksamheten ska bistå med personal som ska ge ett gott stöd, god omvårdnad och en bra service(Larsson och Larsson, 2019, 2. 39).

Man kan läsa i 7§ LSS, att individen ska ha rätt att få beviljade insatser, som ska vara anpassade efter den enskildes personliga behov, för att få goda levnadsvillkor(Larsson och Larsson, 2019, s. 43).

Larsson och Larsson menar att det är viktigt att personal inom LSS tar stöd och tar emot information från anhöriga för att underlätta sitt arbete i personalgruppen vid exempelvis kartläggning och planeringar för individens bästa(Larsson och Larsson, 2019, s. 103)

Myndigheten för delaktighet, MFD(2020), skriver om de rättigheter som den enskilde med funktionsnedsättning har, i FN´s konvention. I artikel 3, kan man läsa om de Allmänna principerna, som genomsyrar konventionen. Principerna är bland annat: icke-diskriminering, jämställdhet, individuellt självbestämmande, tillgänglighet, lika möjligheter, respekt för olikheter, inkludering och deltagande i samhället.

Några citat ur Barbro Lewins bok: ”För din skull, för min skull eller för skams skull. Om LSS och bemötande”:

> Föräldrar sitter inne med livslång kännedom om sitt nu vuxna barn, om personligheten, om drömmar och rädslor. De kan förmedla minnen ur stödanvändarens

livshistoria, vad det är för stöd som behövs men som stödanvändaren kanske själv inte kan förmedla och som personal inte uppmärksammar. Jag vill påstå att som förälder kan man aldrig släppa sin överbeskyddande roll, hur mycket vi än försöker. Och vår fruktan förblir stor för vad som ska hända när vi inte längre finns. Det gör att vi ofta blir frustrerade och kan uppfattas som väldigt påstridiga och påfrestande. Men försök att ha fördrag med oss(Lewin, 2011, 2019, s. 161).

Källor:

Larsson, Monica och Larsson, Lars G(2019). LSS 2019: Stöd och service till vissa funktionshindrade. Komlitt

Myndigheten för delaktighet(2020). Uppföljning av funktionshinderspolitiken.

https://www.mfd.se/resultat-och-uppfoljning/kunskapsunderlag/funktionshinderspolitikens-utveckling/uppfoljning-av-funktionshinderspolitiken/

Lewin, Barbro (2011, 2019). För din skull, för min skull eller för skams skull? Om Lss och bemötande. Författaren och studentlitteratur AB 2011, 2019, Lund

7 - Anhörigas stöd – länkar

Jag upplever att det är viktigt att det finns stöd att få för anhöriga, eftersom det många gånger är en svår och tung roll att bära. Hindret att söka hjälp och stöd till sig själv, är ofta tiden och kraften. Min erfarenhet och även andra jag har pratat med, har så fullt upp i att hålla i alla trådar, dra det tunga lasset, hålla i alla kontakter, hjälpa den anhörige, samtidigt som man ska sköta sig sin egen hälsa, övriga i familjens behov, sitt arbete och allt vad livet innebär. Tid och kraft att söka stöd för egen del, räcker oftast inte till. Jag tror många hamnar i ett läge, där man eventuellt söker hjälp, när man själv har gjort allt man förmår, när man själv inte klarar mer och när man själv i värsta fall har hamnat på gränsen till eller redan blivit långtidssjukskrivning. En förhoppning är att det kan ändras, om medvetenheten blir större hos myndigheter och handläggare och att anhöriga får informationen om att stödet finns.

Nyligen fick jag vetskap om att vissa kommuner har börjat att anställa anhörigkonsulenter. En kommun beskriver stödet, som att du som anhörig kan få vägledning och råd utifrån dina behov. De erbjuder de anhöriga att delta i anhöriggrupper och de erbjuder även hjälp med kontakter till frivilligorganisationer och handläggare. Om en anhörigkonsulent kommer in och ger stöd i ett tidigt skede, så finns en förhoppning om att många anhöriga inte skulle behöva dra det hela tunga lasset med en känsla av att vara ensam i sitt arbete för sin närstående.

Nedan följer flera länkar som kan ge information och stöd för anhöriga. Jag har lagt in lite information under några av länkarna, så kan man själv gå in och läsa vidare om man önskar.

Morsan och Gurras erfarenhet av anhörigstöd var inget alls, fram till detta år. Då kände morsan att hon inte orkade bära allt själv längre. Hon pratade med en person som Thess haft kontakt med på Habiliteringen under flera år. En kvinna som förstod mycket och lyssnade. Hon erbjöd Alma att få höra av sig när hon behövde skriva eller prata av sig. Det blev en avlastning för Alma, som fortsatt har kontakt med kvinnan på Habiliteringen.

Morsan och Gurra tog också kontakt med kommunens anhörig konsult och hade ett långt samtal där. De behövde prata av sig och även få tips och råd. De tips och råd som de fick ledde tyvärr inte vidare till någon hjälp i de ärenden de står i. För den som behöver prata av sig, så kan säkert en konsult vara en tillgång.

Anhörigas riksförbund(2021).

https://anhorigasriksforbund.se/anhoriglinjen-fyller-10-ar/

https://anhorigasriksforbund.se/anhorighandboken-2/

Under rubriken "Om oss", på anhörigas riksförbundets hemsida, så kan man läsa att förbundet grundades 1996 och att det är Sveriges enda riksorganisation som utför arbete för att livsvillkoren ska bli bättre för anhöriga.

De menar att det idag är ca 75% av den omsorg och vård som utförs i Sverige idag, som utförs av anhöriga. Förbundet anser i grunden att det är bra, om man som anhörig kan välja själv och det inte blir något tvång. De menar att samhället ska ge det stöd som behövs och att det inte ska bidra till att den anhörige utsätts för negativa konsekvenser, för sin egen del. Hälsa och livssituation ska inte påverkas negativt.

Det finns en anhöriglinje, dit anhöriga kan få ringa gratis och prata av sig. Telefonnummer och tider finns angivet på anhörigas riksförbundets hemsida. De har också en anhörighandbok, man kan ta del av. Vissa kommuner har också anhörigföreningar genom Anhörigas riksförbund.

Habilitering & Hälsa: Region Stockholm(2021). För anhöriga.

https://www.habilitering.se/mottagningar/for-anhoriga/

Habiliteringscenter som finns inom flera olika kommuner, kan ge stöd och hjälp för personer med olika funktionsnedsättningar men de kan också bidra med stöd för anhöriga.

Riksförbundet Attention(2021). Att vara anhörig.

https://attention.se/leva-med-npf/leva-nara/

Riksförbundet Attention är en intresseorganisation och arbetar för att personer som har någon form av neuropsykiatrisk funktionsnedsättning, NPF, ska få ett respektfullt bemötande och få det stöd som de behöver på sin fritid, arbetsplats eller i skolan. De arbetar också för att anhöriga ska få avlastning och ett ökat inflytande.

Attention beskriver hur det kan vara att vara anhörig till personer med NPF, Neuropsykiatrisk funktionsnedsättning. Att det svåraste kan vara att samordna och hålla i alla de olika kontakter som personen behöver ha i sitt liv, så som exempelvis: Habiliteringen, Barn och ungdomspsykiatrin, läkare, arbetsterapeut, sjukgymnast, Försäkringskassan, socialtjänsten Arbetsförmedlingen, skolkuratorn, rektorn, elevassistenten och lärare och även annan personal och stöd som personen kan vara i behov av.

De pekar också på hur svårt det är att räcka till för anhöriga, som också ska sköta sitt eget liv med ett arbete, städa, laga mat, handla, tvätta, diska, sköta sina övriga sociala kontakter, sköta sin egen hälsa.

Det är inte ovanligt att anhöriga kan känna många olika känslor, så som exempelvis:

Chock (i nödsituationer), sorg, ilska, oro otillräcklighet, trötthet, dåligt samvete. Men också: Känsla av meningsfullhet, stor kunskap, förståelse för människors olikheter, styrka, glädje.

Anders berättar bland annat om sin son som har Adhd och Asperger och alltid de kontakter som han och familjen kämpar med att få tid och möjlighet till.

Rose Marie berättar om sin dotter med Adhd och språkstörning och berättar om den förståelsen som hon önskar att hon och dottern skulle få. Hon berättar om den maktlöshet man kan känna som förälder, när det uppkommer plötsligt oförberedda situationer för dottern. Hon upplever ibland att hon vill ge upp och inte orkar. Hon känner att det är extra jobbigt, när hon får tips att vara strängare, vara mer disciplinerad osv.. Ibland antyder omgivningen att jag har brustit som förälder och gjort fel i min föräldrar roll. Det tar mycket på krafterna, eftersom jag har uppfostrat min dotter och hennes lillasyster själv. Hon tycker det är viktigt att omgivningen får mer kunskap om olika diagnoser exempelvis Adhd. Vi behöver stöd och förståelse, istället för att bli dömda som föräldrar.

På sin hemsida, så har de mycket viktigt information att ta del av och man kan välja att bli medlem om man önskar så.

De har även en anhörig telefon och mejladress man kan vända sig till vid behov.

Här följer två länkar, som den som är intresserad kan gå in på och läsa:

Autism Sverige(2021). *För anhöriga.*

https://www.autism.se/goteborg/aktiviteter/for-anhoriga/

Göransson, Josefine & Magnusson, Lennart(2021). Nka, Nationellt kompetenscentrum anhöriga – för ett anhörigvänligt samhälle.

https://www.anhoriga.se/anhorigomraden/flerfunktionsnedsattning/familjeliv/foreningar/

8 – Thess fortsättning..

Det här kapitlet kan man hoppa över om man inte har läst boken om Thess innan. Kapitlet ska inte bli för långt. Därför tas inte all mejlkonversation med myndigheter med här i boken. Det kan hända att det kommer en bok vid senare tillfälle som kan visa på hur mycket och många kontakter det kan vara att hålla i. Och hur en konversation kan se ut med olika myndigheter.

Bara en lite uppföljning för hur fortsättningen sett ut för Thess följer i det här kapitlet.

Här nedan följer ett kort inslag ur överklagan av personlig assistans och börjar med två intyg:

Intyg av läkaren A. B. juni, som bilaga till överklagan av personlig assistans:

Thess.

Gällande behov av personlig assistent.

Ovanstående patient har utretts för och erhållit diagnos autism i barndomen, medelsvår mental retardation samt ADHD. Till patientens svårigheter hör stora svårigheter i socialt samspel, och en mycket hög känslighet för känselintryck av olika slag, samt svårigheter att tolka dessa. Det är också svårt för patienten att uttrycka sig och för exempelvis vårdpersonal beskriva sina besvär. Vidare är patienten oerhört lättstressad och har svårt att hantera oro och negativa tankar och intryck. Dessa svårigheter medför i sin tur ett behov av personligt stöd i olika situationer, både vardagliga, grundläggande behov, såsom matintag och rörande personlig hygien, samt stöd vid kontakter med vårdpersonal eller andra för patienten okända situationer.

Patienten bedöms vara i behov ett personligt stöd av en person som känner henne väl för att kunna stödja och hjälpa henne i vardagen.

Intygas i tjänsten

Läkare A. B.

Intyg från Habiliteringen i juni - 21, avseende Thess:

Patienten är känd inom Habilitering och Hälsa sedan många år tillbaka. Patient med autism, medelsvår intellektuell funktionsnedsättning, adhd och tinnitus.

Patient har haft kontakt med habiliteringens behandlare(arbetsterapeuter, logoped, psykologer och specialpedagog) under olika perioder i livet kring olika problemområden:

- sömnsvårigheter
- Mat/ problem med matintag, haft sedan småbarnsåldern. Fått näringsdrycker via dietist under perioder av sin uppväxt.
- Problem med tidsuppfattning vid utförande av hygien(tex dusch, tandborstning)
- Patient är i behov av påminnelser och personligt stöd om vilka moment och i vilken ordning ska utföras.
- Förändringar i vardagen – utföra dagliga uppgifter: komma ihåg vad han ska göra, när och hur han ska utföra uppgifter i vardagen.
- Bristande energi, leder till orkeslöshet.
- Perceptionskänslighet: besväras av ljudkänslighet, blir trött av ljud och ljus.

- Oro, nedstämdhet, stor perceptionskänslighet som leder till att stora personliga anpassningar behöver finnas.

Behöver stöd av omgivningen för att klara av vardagliga rutiner och personlig vård. Senaste bedömning utförd av logoped 27/1-21:

Under bedömningen gjord av logoped framkom att patient äter mycket selektivt och med behov av yttre stimulans för att måltid ska kunna genomföras. Yttre stöd och stimulans kan vara att tex se film eller stöd från annan nära person som känner honom väl. Äter långsamt på så sätt att patient tar små mängder på gaffel och sked, tar tid på sig att bearbeta mat och svälja samt att han tar paus under måltid.

Således en patient med ett selektivt intag av mat. Äter i dagsläget endast mat av mjuk konsistens. Äter mycket långsamt, tar små mängder åt gången. Tycks äta försiktigt, möjligen pga rädsla för smärta eller att svälja fel. Måltidssituationen behöver vara kravlös och målsättningen är att utöka antal maträtter som kan utforskas.

Undertecknat av Habiliteringen

Nedanstående yttrande fanns även med i första boken. Efter att handläggarna läst ovanstående intyg från läkaren och habiliteringen, så svarade de följande:

12/7 Socialnämndens svar till förvaltningsrätten, på 2a yttrandet:

Socialnämnden har i sin utredning kommit fram till att T´s hjälpbehov som är av privat och integritetsnära karaktär är av ringa omfattning. Därmed har hennes behov av hjälp med de grundläggande behoven inte bedömts vara av sådan omfattning som förutsätter hjälp i form av personlig assistans. För att socialnämnden ska bedöma tid för andra personliga behov förutsätts att det finns behov av assistans för de grundläggande behoven. Därmed har socialnämnden inte bedömt tid för andra personliga behov alls.

Av de bifogade bilagorna framgår det att T anser sig ha behov av personlig assistans och att denna behöver utföras av personal som har ingående kunskaper om henne för att det överhuvudtaget ska vara möjligt att hjälpa henne med grundläggande behov.

Socialnämnden står fast vid sin bedömning att T inte har behov av hjälp som förutsätter ingående kunskaper om henne. Detta då hon klarar av att utföra personlig hygien, på och avklädning samt kan kommunicera på egen hand om hon får stöd i form av påputtning och påminnelser. Till sin hjälp för påminnelser har tidshjälpmedel, kalender prövats och detta har kompletterats med muntligt stöd. T´s behov av stöd i form av påminnelser bedöms inte vara av sådan karaktär att de skulle anses vara kvalificerande och berättiga till grundläggande behovet ingående kunskaper enligt socialnämndens bedömning.

Socialnämnden ifrågasätter hjälpbehovet så som det beskrivs i bilaga 23 och riktigheten i dessa uppgifter. Detta med motivering att det framkommer motstridiga uppgifter gällande behov av praktiskt stöd vid olika vardagssituationer så som toalettbesök, dusch, nagelvård och matintag jämfört med underlag som har lämnats in under utredningens gång samt den informationen som framkommer av bilagorna som är skrivna av professionell personal från hälso- och sjukvård. Dessa bilagor styrker varken behovet av praktisk hjälp vid dessa basala behov eller behov av särskild kompetens om T, hennes funktionsnedsättning och sättet att kommunicera för att hjälpen vid dessa situationer överhuvudtaget skulle kunna ges.

Socialnämnden är införstådd med att T har svårt att få förtroende för andra människor och att detta har försvårat möjligheten att kunna hjälpa henne när hon bodde på bostad med särskilt stöd och service för vuxna enligt 9 §9 LSS. Så som det framkommer av de bifogade bilagorna har T svårigheter i sin vardag men behovet av stöd med matsituation, påminnelser och påputtning i andra situationer bedöms inte kräva ingående kunskaper i lagens mening enligt socialnämnden.

För att rätt till personlig assistans för grundläggande behov ska föreligga ska hjälpbehovet vara av privat och integritetsnära karaktär samt kräva kvalificerat stöd. I bilaga 23 framkommer att T har stödbehov kring vardagliga situationer då hon har svårigheter utifrån sin funktionsnedsättning. T hävdar att allt stöd som hon behöver kräver ingående kunskaper om henne. Bilagorna som hon menar styrker detta behov är utfärdade utan T´s närvaro och är därmed inte baserade på en observation. I bilagorna beskrivs hennes svårigheter med maten, ljudkänslighet, kravkänslighet, tidsuppfattning och behov av stöd i form av påputtning. Dock styrks inte behovet av hjälp att föra in maten i munnen, hjälpbehov för på och avklädning eller stöd med kommunikation pga ett särskilt kommunikationssätt.

I bilaga 27 framkommer att T närvarar vid mötet. Det framkommer att hon berättar att hon inte kan äta ris längre och svarar på frågor som ställs. Därmed framkommer det att T kan kommunicera och äta på egen hand även om det tar längre tid.

Socialnämnden har tagit del av innehållet i aktbilagan.

Det har enligt socialnämndens mening inte framkommit skäl att ändra bedömningen i frågan och därmed står socialnämnden fast vid sitt beslut.

SLUT

Möte i augusti, med handläggaren.

Diskussion under ett SIP möte mellan handläggaren, morsan, Gurra och Habiliteringen. Jag sa nej till att följa med på mötet. Jag orkar inte.

Det är i slutet av augusti -21. Förvaltningsrätten har inte meddelat något beslut i ärendet om personlig assistans. Morsan och Gurra har tänkt alternativ för mig under sommaren, om personlig assistans inte går igenom. De har försökt se möjligheterna för mig att få en egen lägenhet. De måste också gå upp i arbetstid på sina jobb, eftersom de förlorar mycket inkomst och jag behöver få insatser, som kan hjälpa mig medan de jobbar och i väntan på ett boendealternativ som kommer att fungera för mig.

Morsan och Gurra har gett upp. De orkar inte kämpa mer.

Handläggarna har varit hårda i yttrandet av överklagan om personlig assistans. De skriver saker som är raka motsatsen av vad jag försökt förklara med hjälp av morsan och Gurra. Hur verkligheten ser ut.

Handläggaren tycker och säger på mötet att jag inte är i rätt målgrupp för att få personlig assistans. Det betyder att handläggarna ser till målgrupp och inte till behoven hos personen det gäller. Det innebär att ingen som är i samma målgrupp som mig har rätt till personlig assistans. Det är många fler än mig, som har Adhd/ Autism/ Intellektuell funktionsnedsättning som är i behov av personlig assistans. Många av oss har en hög känslighet och har ett stort behov av personal som har stor personkännedom om oss, för att vi ska kunna ta emot hjälpen vi behöver och tillgodose oss alla våra behov. Många av oss behöver få välja personal. Det går inte på ett boende. Det har jag erfarenhet av. Boendet fungerade inte för mig, eftersom de inte kunde individanpassa och jobbade utifrån deras Policy.

Morsan och Gurra är trötta. Morsan sa till handläggaren att det hade varit så mycket enklare och lättare om det skulle finnas förståelse hos handläggarna. Om de hade kunnat förstå och se de behoven som en individ har och kunnat utgå från dem när de fattar beslut. Nu upplever morsan och Gurra motstånd, när de försöker föra min talan. Jag är tacksam att de gör det och att de försöker för min skull, eftersom jag inte orkar själv. Jag har skrivit på fullmakt flera gånger, för jag vill att de ska föra min talan. De har frågat mig många gånger om jag vill vara med och prata själv på möten.. men jag orkar och vill oftast inte. Det blir bara kaos i huvudet och jag kan ofta inte förstå innebörden av vad vi pratar om. Hur ska jag då kunna svara på frågor, så det blir rätt? Vissa handläggare har jag träffat vid några tillfällen.De har då oftast kommit hem till oss.

Morsan sa att det är viktigt att handläggarna har kunskap om olika diagnoser och de svårigheter och behov personer kan ha, för att kunna ta rätt beslut. Hon sa att det är svårt att bevisa hur saker ligger till och hur verkligheten ser ut. Handläggaren sa att det inte behövs bevis. Morsan och Gurra ifrågasatte inte det just då. Efteråt funderade de över vad handläggaren menade, eftersom de har lämnat in en massa läkarintyg. Är dem inlämnade i onödan? Är utredningar gjorda i onödan? Har inte intygen någon betydelse. Intygen är ju en sorts bevismaterial. De orkar inte ifrågasätta mer, så de tog inte upp sina tankar och funderingar som kom upp efter mötet.

Morsan och Gurra hade funderat över sommaren, om jag kunde få ta över deras lägenhet och att de skulle flytta ut, för att underlätta för mig. När de frågat mig var jag vill bo, så har jag alltid svarat att det är bra här. Jag kan bo kvar. De kollade upp det med hyresvärden (som sa att det går bra) och lade fram deras tankar och förslaget på mötet med handläggaren. Tanken var att lägenheten skulle bytas till en mindre i samma område. Det hade varit tryggt för mig. Hade jag fått personlig assistans så hade det varit perfekt. Om jag inte får det, så hade alternativet hemtjänst kunnat vara aktuellt. Men morsan och Gurra fick inget medhåll av handläggaren och inget stöd i att diskutera alternativet.

Som oftast, så pratar inte morsan och Gurra med mig om deras tankar och idéer, eftersom det kan förvirra mig totalt och de kan inte heller ta upp och lova saker, då de inte är säkra på att de insatserna blir beviljade. Det skulle inte jag kunna förstå. Istället så observerar de mina önskningar när vi pratar allmänt om olika ämnen.

Tyvärr hade hyresvärden sagt fel till morsan, trots att kvinnan hade fått information om alla mina omständigheter och min inkomst. Nu fick morsan följande besked: Om jag skulle kunna ta över lägenheten, så skulle jag behöva ha en inkomst som motsvarar tre gånger årshyran av lägenheten. Det skulle innebära en inkomst på över 300.000kr. och det har inte jag. Om jag skulle bytt till en mindre lägenhet, med lägre hyra, så skulle jag ändå behöva ha en inkomst på över 200.000kr. Det har jag inte heller. Morsan och Gurra skulle också behöva bo i nya lägenheten i över 2 år, innan jag skulle kunna ta över kontraktet. Morsan frågade hyresvärden om jag kunde betala 3 hyror i förskott. Men det gick inte heller. Så att bo kvar för mig var helt uteslutet.

Morsan och Gurra har väntat i många år på att flytta till något mindre för min skull, att köpa lägenhet eller byta lägenhet. Nu, under sensommaren hade de beslutat att göra det. Flytten ligger en bit framåt i tiden. De måste tänka på sig själv. De börjar bli äldre. Morsan kommer inte få en så hög pension, eftersom hon inte kunnat jobba heltid de sista trettio åren. De har båda arbetat gratis med mig i många år. De behöver få ner sin boendekostnad.

Morsan fick mejla till en hyresvärd i kommunen, där jag stått i kö i några år. Hon ställde frågor om vilka krav de ställde för att bli godkänd. Som tur är, så ser det ut som om jag kan bli godkänd som hyresgäst hos dem. Morsan och Gurra kommer att flytta ut ur vår lägenhet inom en viss tid. Det är inte säkert att jag får någon egen lägenhet genom bostadskön innan dess. Då får jag flytta med dem en bit härifrån och bo med dem i en 2a på 55 kvm.

Handläggarna säger att det är grupp eller serviceboende som är rätt för mig, trots att jag själv inte vill det.

Även om jag inte vill flytta till ett boende, så tyckte morsan och Gurra att man kan se om det finns något serviceboende som kan passa mig och om jag får behålla ledsagare och kontaktperson, så det finns några personer i min tillvaro som jag är trygg med. Erfarenheten av det tidigare misslyckandet på Service boendet har satt sina spår i mig.

På SIP mötet i mars -21, kom morsan, Gurra och handläggaren överens om att handläggaren skulle kolla upp om det finns serviceboende som kan individanpassa och att jag kan ha kvar insatserna ledsagning och kontaktperson. Det alternativet skulle kollas upp och kan vara ett alternativ om inte insatsen personlig assistans beviljas. Om det inte finns serviceboenden som kan individanpassa och om jag inte kan ha kvar ledsagning och kontaktperson och personlig assistans inte går igenom, så var ett alternativ kvar. Det alternativet är att jag får ordna med en egen lägenhet och kan då få hemtjänst, eventuellt boendestöd, kontaktperson och ledsagning. Eftersom jag inte fått förslag på det alternativ som handläggaren skulle kolla upp och handläggarna motarbetade personlig assistans, så började morsan och Gurra tänka på och ta reda på fakta kring egen bostad och hemtjänst.

Morsan har meddelat handläggaren under flera år att det inte varit aktuellt för mig med gruppboende, av flera orsaker som är noggrant beskrivet vid flera tillfällen under lång tid. Jag önskar inte att bo på ett gruppboende.

Ansökan gjordes och skickades in av morsan, i mars -21, samma dag som SIP mötet, där serviceboendet hade diskuterats som ett alternativ utifrån mina förutsättningar. Den första juni -21, så skickade handläggaren ett beslut om bostad med särskild service. I beslutet, så står att ledsagare och kontaktperson ska dras in, om jag får ett boende. Där föll en av de förutsättningar som skulle behövas för mig, för att bo på ett service boende.

Samordnaren A-L ringde morsan i början/ mitten av augusti -21 och meddelade på telefonsvararen att det finns ett gruppboende för mig och att hon ska gå på två veckors semester.

Morsan frågade handläggaren på SIP mötet i slutet av augusti -21, om varför samordnaren erbjöd gruppboende, då det aldrig varit aktuellt och det vet samordnaren om. Morsan frågade också om handläggaren hunnit se över om det finns serviceboenden som kan arbeta individanpassat. Handläggaren frågade om morsan och Gurra varit tydliga till samordnaren om vad jag önskar. De svarade att de varit det och nämnde att de trodde att handläggaren också skulle vidarebefordra den informationen till samordnaren.

Handläggaren frågade om jag inte fått rätt erbjudande av samordnare A-L än. Morsan svarade att jag inte fått det. Morsan och Gurra har aldrig pratat om att jag ska flytta till ett gruppboende.

Det var fem månader sedan morsan skickade in ansökan om bostad med särskild service, utifrån diskussion kring enbart service boende.

Handläggaren frågade nu om jag kan tänka mig att flytta till en annan kommun. Morsan svarade att det i så fall behöver vara närliggande, så jag har möjlighet att ta mig till släkten som är de ända sociala kontakterna jag har. Handläggaren skulle be samordnaren att kolla upp det.

Angående nuläget, så ska handläggaren utreda om jag ska få hemtjänst och utökad ledsagartid, eftersom beslut om personlig assistans inte är klart.

Morsan bad om att få hemtjänst som kan hjälpa mig med grundläggande och övriga behov.

Och även utökad ledsagning från nuvarande 12 Timmar/ månad. Handläggaren sa att han tycker att 12 timmar är mycket och att det borde räcka för mig att komma ut under en månad. Morsan sa att jag sitter hemma hela dagarna och kommer inte ut någonting själv. Att handläggaren får räkna med att morsan och Gurra inte alls finns. Ledsagartimmarna ska då räcka till för mig att komma till alla vårdkontakter, sjukgymnastik varje vecka, komma ut och gå, handla saker jag vill titta på, och eventuellt bowla ibland. Morsan frågade om han verkligen tror att 12 timmar i månaden räcker. Han skulle utforska saken och se om det går att utöka.

Där står vi nu, snart tio månader sedan ansökan om personlig assistans skickades in. Och vi har inte fått klart besked än.

Väntan på att få rätt insatser har varit lång och jobbig för mig.

Morsan är alltid snäll och vill allas bästa. Hon har haft det svårt när hon har försökt föra min talan. Hon tycker inte om att vara arg och hård, för det är inte så hon är. Men ju mer hon kämpat i motstånd, så har det påverkat hennes inre. Hennes smärta att se att det inte går att få myndigheterna att förstå hur verkligheten ser ut för många av oss som har en funktionsnedsättning och den hjälp vi behöver. Men också de anhörigas roll. Hur svår och tuff den kan vara. Morsan hade önskat att allt var lättare. Hur kämpar man för de svagas rättigheter utan att vara bestämd och för att inte blir arg och ledsen?

Innan boken hunnit ges ut, så har jag fått beviljat totalt: 2 timmars hemtjänst om dagen. Det ska täcka alla mina måltider varje dag: dvs frukost, lunch, middag, kvällsmål, inkl. tillagning, sitta med (jag behöver lång tid för att komma igång att äta och lång tid mellan tuggorna) och diska. Tiden ska också räcka till stöd/ hjälp med alla mina dagliga rutiner kring hygien och hälsa. All städning, plocka ordning, tvätt, byta lakan, handling. Att göra mig i ordning för att komma till daglig verksamhet. Jag har inte kunnat besöka någon daglig verksamhet än, då det inte finns tid beviljat för det. Det vill säga, 2 timmar om dagen ska täcka alla mina grundläggande behov. Jag behöver kontinuitet, lugn och ro, tid på mig och bemötande från personer som känner mig väl.

Morsan och Gurra fick även överklaga det här beslutet. Hur ska jag kunna tacka ja till en lägenhet och bo själv, om jag bara får hjälp med två timmar om dagen?

Jag funderar också över hur en handläggare eller dess chef kan fatta beslut för en person som de aldrig har träffat?

9 - Avslut 1 och fortsättning

Den här boken speglar mycket av den hårda sidan att vara anhörig. Det är inte för att vara negativ och inte för att smutsa ner rykten av myndigheter eller professioner. Det är för att de svaga, de som inte kan föra sin egen tala ska få rätt stöd och hjälp, för att anhöriga ska få en ökad förståelse. Senare kommer jag skriva om samverkan och samarbete. Det är något som behövs. En ökad förståelse för alla som är anhöriga eller arbetar inom LSS och SOL. Om vi inte försöker samarbeta och lyssna på varandra, så kan det aldrig bli bra för de personer som inte kan eller bara delvis kan föra sin egen talan.

10 - Avslut 2 ☺ det positiva att vara anhörig

Jag vill dock avsluta boken positivt. Det är roligt och givande att vara anhörig och man lär sig mycket på vägen.

Ibland får vi höra roliga kommentarer och situationer som varit lite tokiga, kan man minnas och skratta länge åt. Ibland är det de jobbiga situationerna som är roligast efteråt. Det är som terapi när man kan skratta åt det. Att skratta och ta tillvaron lite lättsamt hjälper många med funktionsvariationer att klara livet. Ett leende eller bara en varm utstrålning gör att många med funktionshinder kan lätta upp, kan slappna av, kan öppna sig och komma vidare. Lättsamhet är många gånger viktigt.

Som anhörig, så har livet blivit mycket rikare. Författaren, morsan och Gurra är tacksamma. Mycket tacksamma.

Vi anhöriga är viktiga och vi gör ett jätte viktigt jobb, då vi älskar våra närstående och ger stöd. Förhoppningen är att myndigheter ska förstå och se hur verkligheten ser ut för många av oss och ge oss den hjälp/ de insatser våra närstående eller vi ibland behöver.